Nestroy | Der Zerrissene

Johann Nestroy
Der Zerrissene

Posse mit Gesang in drei Akten

Musik von Adolf Müller

Nachwort und Anmerkungen
von Wolfgang Neuber

Reclam

RECLAMS UNIVERSAL-BIBLIOTHEK Nr. 14074
1959, 2021 Philipp Reclam jun. Verlag GmbH,
Siemensstraße 32, 71254 Ditzingen
Gestaltung: Cornelia Feyll, Friedrich Forssman
Druck und Bindung: Esser printSolutions GmbH,
Untere Sonnenstraße 5, 84030 Ergolding
Printed in Germany 2024
RECLAM, UNIVERSAL-BIBLIOTHEK und
RECLAMS UNIVERSAL-BIBLIOTHEK sind eingetragene Marken
der Philipp Reclam jun. GmbH & Co. KG, Stuttgart
ISBN 978-3-15-014074-1

Auch als E-Book erhältlich

www.reclam.de

Der Zerrissene

Personen

HERR VON LIPS, ein Kapitalist

STIFLER
SPORNER
WIXER – seine Freunde

MADAME SCHLEYER

GLUTHAMMER, ein Schlosser

KRAUTKOPF, Pächter auf einer Besitzung des Herrn von Lips

KATHI, seine Anverwandte

STAUBMANN, Justitiarius

ANTON
JOSEF
CHRISTIAN – Bediente bei Herrn von Lips

ERSTER
ZWEITER
DRITTER
VIERTER – Knecht bei Krautkopf

GÄSTE, BEDIENTE, LANDLEUTE

Die Handlung geht im ersten Akt auf dem Landhause des Herrn von Lips vor. Der zweite und dritte Akt spielt auf Krautkopfs Pachthofe um acht Tage später.

Erstaufführung auf dem Theater an der Wien am 9. April 1844.

Erster Akt

Die Bühne stellt einen eleganten Gartenpavillon vor. Im Prospekte rechts und links Türen, zwischen beiden in der Mitte des Prospektes eine große Glastüre, welche nach einem Balkon führt. Seite links Glastüre, Seite rechts ein Fenster. Durch die Glastür, welche auf den Balkon führt, hat man die Aussicht in eine pittoresk-gigantische Felsengegend. Rechts und links Tische und Stühle. Hinter der Mitteltüre rechts ein Ruhebett.

Erste Szene

Anton, Christian, Josef kommen durch die Türe links aus dem Hintergrunde vor.

ANTON *(zu Christian und Josef, welche jeder drei Champagnerbouteillen tragen).* So, tragt sie nur hinein, 's werden nicht die Letzten sein! Wenn die einmal ins Trinken kommen –

JOSEF. Is doch ein guter Herr, was der für seine Gäst alles springen lasst.

CHRISTIAN. Wer sagt denn, dass er nur für die Gäst g'hört? Er trinkt schon selber auch sein honettes Quantum.

JOSEF. Und is doch immer so übel aufg'legt dabei; unbegreiflich bei *dem* Wein!

ANTON. Das versteht ihr nicht! Er hat ein zerrissenes Gemüt, da rinnt der Wein durch und kann nicht in Kopf steigen. Jetzt kümmerts euch nicht um Sachen, die euch nix angehn, und schauts zum Servieren!

CHRISTIAN *(indem er mit Josef abgeht).* Ein zerrissnes Gemüt mit *dem* Geld!

JOSEF. 's is stark!

(Beide in die Türe nach dem Speisesalon, Mitte rechts, ab.)

Zweite Szene

Anton; dann Gluthammer und ein Bursche, der einen Teil eines eisernen Geländers trägt.

ANTON *(nach dem Balkon, Mitte des Hintergrundes, sehend).* Wenn s' nacher herauskommen, die ganze G'sellschaft, und der Herr sieht, dass die Altan' noch kein G'länder hat, da krieg ich wieder d' Schuld.

GLUTHAMMER *(tritt durch die Mitteltüre links herein und trägt mit Anstrengung ein eisernes Balkongeländer; ein Bursche, der einen Teil des Geländers trägt, kommt mit und geht, nachdem er es auf den Balkon gestellt hat, sogleich ab).* Meiner Seel, so ein eisernes G'länder wägt über sieben Lot.

ANTON. Na, endlich! Ich hab schon glaubt, der Herr Gluthammer lasst uns sitzen.

GLUTHAMMER. Von unserm Ort bis da herüber is 's über a halbe Stund, wenn man leer geht; jetzt, wenn man so ein G'wicht tragt und a paarmal einkehren muss, da is a halber Tag weg, man weiß nicht, wo er hin'kommen is.

ANTON. Ja, das Einkehren, das hat mich auch schon oft in der Arbeit geniert.

GLUTHAMMER. Wir werden gleich fertig sein. *(Öffnet die Balkontüre, tritt hinaus und stellt das Geländer auf.)*

ANTON. Nicht wahr, das is völlig schauerlich, wenn man über die Altan' ins Wasser hinunterschaut?

GLUTHAMMER. 's Wasser is halt immer ein schauerlicher Anblick.

ANTON. Und was 's da draußt für ein' Zug hat!

GLUTHAMMER. Mir scheint, von dem Zug hat der Fluss so 's Reißen kriegt, das Ding schießt als wie a Wasserfall!

ANTON. Ich hätt eher das Fenster, was da war, zumauern lassen, unser Herr aber lasst's zu einer Tür ausbrechen und eine Altan' baun, wegen der Aussicht! Lauter so verruckte Gusto!

GLUTHAMMER. So, jetzt werden wir gleich – *(fängt an tüchtig drauflloszuhämmern).*

ANTON. Aber, Freund, was fallt Ihm denn ein, so einen Lärm zu machen! Da drin is Tafel!

GLUTHAMMER. Ja, glaubt denn der Mussi Anton, ein eisernes Geländer pickt man mit Heftpflaster an?

ANTON. Da darf jetzt durchaus nicht klopft werd'n!

GLUTHAMMER. Na, so lassen wir's halt derweil stehen, bis später. *(Lässt das unbefestigte Geländer auf dem Balkon stehen und verlässt denselben.)*

(Man hört im Speisesalon, Mitte rechts, den Toast ausbringen: »Der Herr vom Hause lebe hoch!«)

GLUTHAMMER. Da geht's zu! Ihr müssts einen recht fidelen Herrn haben.

ANTON. Seine Gäst sein fidel, aber er – keine Spur! Ich muss jetzt nachschaun, ob s' kein' frischen Champagner brauchen. *(Geht in den Speisesalon, Mitte rechts, ab.)*

Dritte Szene

Gluthammer; dann Kathi.

GLUTHAMMER *(allein).* Die reichen Leut haben halt doch ein göttliches Leben. Einen Teil vertrinken s', den andern Teil verschnabulieren s', a paar Teil verschlafen s', den größten Teil verunterhalten s'! – Schad, ich hätt zum Reichtum viel Anlag g'habt; wenn sich so ein Millionär meiner ang'nommen hätt, hätt mich ausg'bild't und hätt mir mit der Zeit 's G'schäft übergeben – aus mir hätt was werden können.

KATHI *(tritt zur Mitte links ein).* Da werd ich den gnädigen Herrn finden, haben s' g'sagt. *(Gluthammer bemerkend.)* Das is ja – is's möglich!? – Meister Gluthammer –!?

GLUTHAMMER *(Kathi betrachtend und seine Ideen sammelnd).* Geduld – ich hab noch nicht den rechten Schlüssel zum Schloss der Erinnerung.

KATHI. Ich bin's – die Krautkopfische Kathi!

GLUTHAMMER. Richtig – die Kathi! Na, was macht denn mein alter Freund Krautkopf?

KATHI. Was wird er machen? Bös is er auf 'n Meister Gluthammer, dass er sich seit anderthalb Jahren nicht bei ihm sehen lasst, und da hat er recht! Pichelsdorf is doch nur vier Stund' weit von der Stadt.

GLUTHAMMER. Ich bin ja nicht mehr in der Stadt. Aber wie kommt denn die Jungfer Kathi da her? G'wiss das Pachtgeld vom Freund Krautkopf dem gnädigen Herrn überbringen?

KATHI. Muss denn ich nur Gäng für 'n Herrn Vettern machen, kann denn ich nicht meine eignen Angelegenheiten haben?

GLUTHAMMER. Freilich! Ich kenn der Jungfer Kathi ihre Angelegenheiten nicht.

KATHI. Um eine Zahlung handelt sich's aber doch, das hat der Meister erraten. Der gute gnädige Herr von Lips – er hat mich aus der Tauf gehoben –

GLUTHAMMER. Das kann so schwer nicht g'wesen sein –

KATHI. Meine Mutter hat einmal gedient im Haus, wie noch der alte Lips, der Fabrikant, g'lebt hat. Wie dann der junge Herr die vielen Häuser und Landgüter gekauft hat – das Pachtgut vom Vetter Krautkopf war auch dabei – da haben ich und meine Mutter uns gar nicht mehr in seine Nähe getraut als noblen Herrn, aber – *(traurig)* vor drei Jahren – wie's uns gar so schlecht gangen is, die Weißnähterei wird zu schlecht bezahlt –

GLUTHAMMER. Wie überhaupt die weiblichen Arbeiten; wenn man selbst Marchandmode war, kann man das am besten beurteil'n.

KATHI. Das wohl, aber ein Schlossermeister wird da nicht viel davon verstehn.

GLUTHAMMER *(seufzend)*. Oh, ich war auch Marchandmode!

KATHI. Hörn S' auf mit die G'spaß!

GLUTHAMMER. Nein, 's is furchtbarer Ernst, ich war Marchandmode, im Verlauf der Begebenheiten wird dir das alles klar werden.

KATHI. Da bin ich neugierig drauf.

GLUTHAMMER. Erzähl nur erst deine G'schicht aus.

KATHI. Die is schon so viel als aus. Wie's uns so schlecht gangen is und d' Mutter war krank, da bin ich zu meinem gnädigen Herrn Göden und hab hundert Gulden z' leihen g'nommen; er hat mir's an der Stell geben und hat g'lacht, wie ich vom Z'ruckzahlen g'red't hab! Meiner Frau Mutter hab ich aber noch auf 'n Tot'nbett versprechen müssen, recht fleißig und sparsam zu sein und auf die Schuld ja nicht zu vergessen; und das hab ich auch g'halten. Ich bin nach der Frau Mutter ihr'n Tod zum Vetter Krautkopf kommen, da hab ich gearbeitet und gearbeitet und gespart und gespart, und nach dritthalb Jahren waren die hundert Gulden erübrigt! Jetzt bin ich da, beim Herrn Göden Schulden zahl'n.

GLUTHAMMER. Schulden zahl'n –?! An so was denk ich gar nicht mehr.

KATHI. Wie kann der Meister so reden als ordentlicher Handwerksmann und Meister?

GLUTHAMMER. Meister? Ich bin seit fünf Monaten wieder G'sell und nur mit Krebsaugen blick ich auf meine Meisterschaft zuruck.

KATHI *(erstaunt und mitleidsvoll)*. Is's möglich!

GLUTHAMMER. Wenn man Marchandmode war, is alles möglich.

KATHI. Das is aber das Unbegreifliche –

GLUTHAMMER. Im Verlauf der Begebenheiten wird alles klar. Ich hab mich verliebt – jetzt wird's bald zwei Jahr, in eine Putzerin, in eine reine, schneeblühweißgewaschne Seele.

KATHI *(mit gutmütiger Ironie)*. Und aufs Waschen scheint der Herr große Stück zu halten.

GLUTHAMMER. Hab es noch keinen Samstag unterlassen. Dass ich also weiter sag: sie hat mich ang'red't, ich soll ihr d' Marchandmoderei lernen lassen. Ich hab sie also gleich in die Lehr geb'n, und in kurzer Zeit hat sie alles in klein' Finger g'habt – was man nur von einer Mamsell wünschen kann – und so war sie Mamsell. Da stirbt die alte Marchandmode, s' Heirat'n is uns von Anfang schon in Kopf g'steckt – so hat sie mir zug'red't, ich soll ihr das G'schäft von der toten Madame kaufen. Um viertausend Gulden war's z' hab'n, d' Hälfte hab ich gleich bar aus'zahlt, und so war die Meinige Madame, nur 's Heiraten hat noch g'fehlt zur vollständigen Glückseligkeit. Da – *(seufzt).*

KATHI. Sie wird doch nicht g'storben sein?

GLUTHAMMER. Im Verlauf der Begebenheiten wird das alles klar. Die Hochzeit war bestimmt, 's Brautkleid war fertig, mein blauer Frack g'wend't, *(mit Schluchzen)* die Anginene begelt, d' Gäst eing'laden – Person à zwei Gulden – *(beinahe in Tränen ausbrechend)* ohne Wein –

KATHI *(tröstend).* Na, g'scheit, Herr Gluthammer!

GLUTHAMMER. Den Tag vor der Hochzeit geh ich zu ihr, sie war aber nicht z' Haus.

KATHI. War sie eine Freundin vom Spaziergehn?

GLUTHAMMER. Im Verlauf der Begebenheiten wird das alles klar. Sie is von der Stund an nicht mehr nach Haus kommen, ich hab s' g'sucht, ich hab s' g'meld't, ich hab s' woll'n austrommeln lassen, aber 's derf nur a Feuerwerk aus'trommelt wer'n in der Stadt – mit *ein'* Wort, es war alles umsonst, ich war Strohwitiber, bin Strohwitiber geblieben, und das Stroh bring ich auf *der* Welt nicht mehr aus 'n Kopf.

KATHI. Mein Gott, man muss sich gar viel aus 'n Kopf schlagen.

GLUTHAMMER. Oh, so was bleibt! Und dann die Folgen: 's G'schäft war einmal kauft, zweitausend Gulden war ich drauf schuldig – denk ich mir, zu was brauch ich zwei

G'werber, es is das G'scheiteste, ich verkauf eins. Da hab ich mein Schlosserg'werb verkauft und bin Marchandmode blieben.

KATHI. Das war aber auch ein Gedanken –

GLUTHAMMER. Wär kein schlechter Gedanken g'wesen, aber man war ungerecht gegen mich. Die Kundschaften haben g'sagt, ich hätt keinen Geschmack, weil ich alles in Schwarz und Hochrot hab arbeiten lassen. Nach vier Monat war ich nix als eine zugrund'gegangene Marchandmode, und um meinen Gläubigern aus 'n G'sicht zu kommen, hab ich müssen aufs Land als Schlosserg'sell gehn. Das is der vollständige Verlauf der Begebenheiten, wie sie sich nacheinander verloffen haben. Oh, meine Mathilde –!

KATHI. Die Person war eine Undankbare, is gar nicht wert, dass sich der Herr Gluthammer kränkt um sie.

GLUTHAMMER. Was!? Sie liebt mich! Sie is offenbar mit Gewalt fortgeschleppt worden, wird wo als Gefangene festgehalten und hat keinen andern Gedanken, als nur in meine Arme zurückzukehren.

KATHI. Da g'hört sich ein starker Glauben dazu.

GLUTHAMMER. O Gott! Wenn ich alles so g'wiss wüsst –! Wenn ich den Räuber so g'wiss ausfindig z'machen wüsst – Jungfer Kathi – *(nimmt sie bei der Hand)* dem ging's schlecht! – *(Ihre Hand heftig schüttelnd.)* Der wurd auf schlosserisch in die Arbeit g'nommen –

KATHI. Na, na –! Denk der Herr nur, dass ich kein Rauber bin.

GLUTHAMMER. Nehmen Sie's nicht übel, aber wenn ein Schlosser in die Aufwallung kommt –

Vierte Szene

Anton; die Vorigen.

ANTON *(aus der Mitte rechts des Speisesalons kommend; die Tür bleibt offen).* Leuteln, machts, dass 's fortkommts, der Herr kommt gleich mit die Gäst heraus.

KATHI. Das is g'scheit, ich kann also da sprechen mit 'n gnädigen Herrn?

ANTON. Beileib nicht! Das wär jetzt höchst ungelegen!

KATHI. So werd ich halt draußen warten.

ANTON. Geh d' Jungfer in Garten spazieren!

GLUTHAMMER. Meine Arbeit mach ich halt später.

ANTON. Freilich!

GLUTHAMMER. Komm die Kathi! Die Mathilde is verloren – *(nimmt sie beim Arm)* aber *ihn* werd ich finden, den Mathildenschnipfer – *(grimmig)* und dann werden wir was erleben von einer nagelneuen Zermalmungsmethod –

KATHI *(aufschreiend).* Ah, probierts die Methode, wo Ihr wollt, aber nicht an mein' Arm!

GLUTHAMMER. Nehmen Sie's nicht übel, aber es gibt Momente, wo der ganze Schlosser in mir erwacht, und da merkt man keine Spur, dass ich jemals Marchandmode g'wesen bin. *(Geht mit Kathi durch die Glastüre links ab.)*

ANTON *(nach dem Speisesalon sehend, dessen Türe offen geblieben).* Da kommt der Herr – und das G'sicht, was er macht – ich geh! *(Geht ebenfalls durch die Glastüre links ab.)*

Fünfte Szene

Lips, allein.

LIPS (*tritt zur Mitte rechts während dem Ritornell des folgenden Liedes aus der Türe des Speisesalons auf*).

Lied

1.

Ich hab vierzehn Anzüg, teils licht und teils dunkel,
Die Frack' und die Pantalon, alles von Gunkel.
Wer mich anschaut, dem kommet das g'wiss nicht in Sinn,
Dass ich trotz der Garderob ein Zerrissener bin.
Mein Gemüt is zerrissen, da is alles zerstückt,
Und ein z'rissnes Gemüt wird ein' nirgends geflickt.
Und doch – müsst i erklärn wem den Grund von mein Schmerz,
So stundet ich da als wie 's Mandl beim Sterz;
  Meiner Seel, 's is a fürchterlichs G'fühl,
  Wenn man selber nicht weiß, was man will!

2.

Bald möcht ich die Welt durchflieg'n, ohne zu rasten,
Bald is mir der Weg z' weit vom Bett bis zum Kasten;
Bald lad ich mir Gäst a paar Dutzend ins Haus,
Und wie s' da sein, so werfet ich s' gern alle h'naus.
Bald ekelt mich 's Leben an, nur 's Grab find ich gut,
Gleich drauf möcht ich so alt wer'n als der ewige Jud;

Bald hab ich die Weiber alle bis daher satt,
Gleich drauf möcht ich ein Türk sein, der s'
hundertweis hat;
Meiner Seel, 's is a fürchterlichs G'fühl,
Wenn man selber nicht weiß, was man will!

Armut is ohne Zweifel das Schrecklichste. Mir dürft einer zehn Millionen herlegen und sagen, ich soll arm sein dafür, ich nehmet s' nicht. Und was schaut anderseits beim Reichtum heraus? Auch wieder ein ödes, abgeschmacktes Leben. Langweile heißt die enorm horrible Göttin, die gerade die Reichen zu ihrem Priestertum verdammt, Palais heißt ihr Tempel, Salon ihr Opferaltar, das laute Gamezen und das unterdrückte Gähnen ganzer Gesellschaften ist der Choral und die stille Andacht, mit der man sie verehrt. – Wenn einem kleinen Buben nix fehlt und er is grantig, so gibt man ihm a paar Braker, und 's is gut. Vielleicht helfet das bei mir auch, aber bei einem Bub'n in meinem Alter müssten die Schläg vom Schicksal ausgehn, und von da hab ich nix zu riskiern; meine Gelder liegen sicher, meine Häuser sind assekuriert, meine Realitäten sind nicht zum Stehlen – ich bin der Einzige in meiner Familie, folglich kann mir kein teurer Angehöriger sterben, außer ich selber, und um mich werd ich mir auch die Haar' nicht ausreißen, wenn ich einmal weg bin – für mich is also keine Hoffnung auf Aufrieglung, auf Impuls. – Jetzt hab ich Tafel g'habt – wenn ich nur wüsst, wie ich bis zu der nächsten Tafel die Zeit verbring! – Mit Liebesabenteuer? – Mit Spiel –? Das Spielen is nix für einen Reichen; wem 's Verliern nicht mehr wehtut, dem macht 's Gewinnen auch ka Freud! –

Abenteuer –? Da muss ich lachen! Für einen Reichen existieren keine Liebesabenteuer. Können wir wo einsteigen? Nein, sie machen uns so überall Tür und Tor auf! – Werden wir über a Stieg'n g'worfen? Nein, Stubenmädl und Bediente leuchten uns respektvoll hinab. Werden auf uns Sulteln gehetzt? Wird was hinabg'schütt't auf uns? Nein, Papa und Mama bitten uns, dass wir ihr Haus bald wieder beehren. – Und selbst die Eh'männer – sind auch meistens gute Leut. Wie selten kommt eine Spanische-Rohr-Rache ins Spiel? Die korsische Blutrache liegt gar ganz in Talon. Wann hört man denn, dass ein Eh'mann einen Kugelstutzen nimmt und unsereinem nachschießt? Ja, anreden tun s' ein', dass man ihnen was vorschießt. *(Deutet Geldgeben.)* Das is die ganze Rache! Wo sollen da die Abenteuer herkommen? Man is und bleibt schon auf fade Alletagsgenüsse reduziert, die man mit Hilfe der Freundschaft hinunterwürgt. Das is noch das Schönste, über Mangel an Freunden darf sich der Reiche nicht beklagen. Freunde hab ich und das, was für Freunde! Den warmen Anteil, den sie nehmen, wenn s' bei mir essen, das heiße Mitgefühl, wenn s' mit mir z'gleich einen Punschdusel kriegen, und die treue Anhänglichkeit! Ob einer zum Losbringen wär! – Keine Möglichkeit! Ich bin wirklich ein beneidenswerter Kerl, nur schad, dass ich mich selber gar nicht beneid! –

Sechste Szene

Stifler, Sporner, Wixer kommen aus der Mitte rechts; der Vorige.

STIFLER *(zu Lips).* Aber, Herr Bruder, sag doch, was ist's mit dir? Die Gesellschaft wird immer lauter, du wirst immer stiller, alle Gesichter verklären sich, das deine verdüstert sich, endlich lassest du uns ganz in Stich –

WIXER. Sein auch richtig alle ang'stochen!

STIFLER *(zu Lips).* Es herrscht eine allgemeine Bestürzung unter den Gästen, weil sie dich nicht sehn.

LIPS. Sie sollen sich trösten, früher haben s' mich alle doppelt g'sehn, also gleicht sich das wieder, aus.

WIXER. Wenn s' sehn, du kommst nicht, so verliern sie sich halt schön stad, die Anhänglichkeit, die wir haben, die kann man nicht prätendieren von so gewöhnliche Tischfreund.

LIPS. Freilich!

WIXER. Bist du lustig, ist's recht, bist du traurig, sind wir auch da und essen stumm in uns hinein, das heißt Ausdauer im Unglück!

STIFLER, SPORNER. Auf uns kannst du zählen!

LIPS. An euch drei hab ich wirklich einen Terno g'macht.

STIFLER. Komm, trink noch ein Glas Champagner mit uns!

LIPS. Ich hab keine Freud mehr dran. Wie ich noch zwanzig Jahr alt war, damals ja – aber jetzt!

STIFLER. Ich finde jetzt alles am schönsten.

LIPS. Ja, wenn man so jung is als wie du!

STIFLER. Nu, gar so jung – ich bin wohl erst im Vierundfünfzigsten.

LIPS. Ich aber schon im Achtunddreißigsten!

STIFLER. Das schmeckt ja noch nach dem Flügelkleide!

LIPS. Und doch schon Matthäi am Letzten!

STIFLER. Lass dir nichts träumen!

LIPS. Eben die Träum verraten mir's, dass es auf die Neig geht, ich mein, die wachen Träum, die jeder Mensch hat. Bestehen diese Träum in Hoffnungen, so is man jung, bestehen sie in Erinnerungen, so is man alt. Ich hoff nix mehr und erinnere mich an vieles, ergo: alt, uralt, Greis, Tatl!

WIXER. Du musst dich zerstreuen.

LIPS. Das is leicht g'sagt, aber mit was?

WIXER. Wir begleiten dich, geh auf Reisen!

LIPS. Um zu sehn, dass es überall so fad is als hier?

STIFLER. Nein, er meint Naturgenuss, Alpen, Vulkane, Katarakte –

LIPS. Sag mir ein Land, wo ich was Neues seh; wo der Wasserfall einen andern Brauser, der Waldbach einen andern Murmler, die Wiesenquelle einen andern Schlängler hat, als ich schon hundertmal g'sehn und gehört hab! – Führ mich auf einen Gletscher mit schwarzem Schnee und glühende Eiszapfen, segeln wir in einen Weltteil, wo das Waldesgrün lilafarb, wo die Morgenröte paperlgrün is! – Lassts mich aus, die Natur kränkelt auch an einer unerträglichen Stereotypigkeit.

WIXER *(zu Sporner)*. Gib ihm doch auch einen Rat, du Engländer ex propriis.

SPORNER. Ich sage: Pferde, nichts als Pferde! *(Zu Lips.)* Halte dir zehn bis fünfzehn Stück Vollblut, verschreibe dir Jockeis, besuche alle Wettrennen, und du wirst ganz umgewandelt!

LIPS. Am End gar selbst zum Ross! Nein, Freund', ich reit gern aus zur Bewegung, ich fahr gern aus zur Bequemlichkeit, und meine Pferd hab'n g'wiss nix Fiakrisches an sich – aber wie man alle seine Gedanken und Ideen bloß auf Rasse, Vollblütigkeit und Familienverhältnisse der Pferd konzentrieren kann, dafür hab ich keinen Sinn, so leer is weder mein Kopf noch mein Herz, dass ich Stallungen draus machen möcht –

WIXER. So mach sonst verruckte G'schichten, begeh Narrenstreich', das is auch eine Unterhaltung.

SPORNER. Und überdies englisch!

LIPS *(zu Sporner)*. Freund, blamier dich nicht, du kennst die Nation schlecht, die du so mühselig kopierst, wenn du glaubst, dass die Narrheit eine englische Erfindung is. An Narren fehlt's nirgends, aber es sind meist arme Narren, folglich red't man nicht von ihnen, und dann sind's Narren, die mit einer erbärmlichen Ängstlichkeit sich in den Nimbus der G'scheitheit einhüllen! Der Engländer hat das Geld, seine narrischen Ideen zu realisieren, und hat den Mut, seine Narrheit zur Schau zu tragen; darin liegt der Unterschied, von daher stammt das Renommee.

STIFLER. Bruder, jetzt treff ich das Rechte. Eins ist dir noch neu – der Eh'stand.

LIPS. Eh'stand? Das is, glaub ich, wenn man heirat't? Darüber existieren so viele Beschreibungen, so viele Sagen der Vorzeit und Memoiren der Gegenwart – was soll ich da Neues finden?

STIFLER. Treffe nur eine originelle Wahl!

LIPS. Eine originelle Wahl? Wie is das möglich? Wähl ich vernünftig, so haben schon Hundert' so gewählt, und wähl ich dumm, so haben schon Millionen Leut so gewählt; aber wenn ich – ja, freilich – *(von einer Idee ergriffen)* ich hab's!

STIFLER *und* WIXER. Was?

LIPS. Die originelle Wahl! Ich wähle ohne Wahl, ich treffe eine Wahl, ohne zu wählen.

STIFLER. Erkläre mir, o Örindur, diesen Zwiespalt der Natur!

LIPS *(mit festem Entschluss)*. Das erste fremde Frauenzimmer, welches mir heut begegnet, wird meine Frau!

STIFLER. Bist du toll –?

WIXER *(zugleich)*. Lass nach –!

LIPS. Schön oder wild, gut oder bös, jung oder alt – alles eins – ich heirat sie!

SPORNER. Das ist echt englisch!

STIFLER. Wenn aber – setzen wir den Fall –

LIPS *(in heiterer Stimmung)*. Kein Aber, kein positus! Unbedingt die Erste, die mir begegnet! Ich sag euch, Freunde, ich g'spür jetzt schon die heilsame Wirkung von diesem Entschluss, die Spannung, die Neugierd, wer wird die Erste sein? –

Siebente Szene

Anton; die Vorigen.

ANTON *(zur Mitte links eintretend, meldend, zu Lips)*. Die Frau von Schleyer wünscht ihre Aufwartung zu machen.

LIPS. Schicksal, du hast gut pausiert, du fallst a tempo ein!

ANTON. Sie hat g'sagt, sie möchte unbekannterweis die Ehre haben.

STIFLER. Wer ist sie denn, diese Unbekannte?

WIXER. Sollt mich wundern, wenn ich s' nit kenn.

ANTON. Sie hat heraußt ihre Sommerwohnung in der Feldgassen –

LIPS. Das is egal, nur herein, sie is willkommen!

ANTON. Sehr wohl! *(Geht nach der Türe Mitte links.)*

LIPS *(Anton nachrufend).* Halt, du musst erst fragen, ob sie Witwe is.

ANTON. Sehr wohl!

LIPS. Wohlgemerkt, nur im Witwenfall wird sie vorgelassen.

ANTON. Sehr wohl! *(Geht zur Mitte links ab.)*

Achte Szene

Die Vorigen ohne Anton.

LIPS *(in sehr aufgeregter Stimmung).* Brüderln, was sagt ihr dazu?

STIFLER. Die Sache spielt sich ins Verhängnisvolle hinüber.

LIPS *(nach dem Garten sehend).* Am End – richtig – sie kommt – sie is also Witwe!

STIFLER. Meiner Seele –!

LIPS. Gehts jetzt, meine Freunde, lasst mich mit meiner Zukünftigen allein!

STIFLER. Du wirst doch nicht des Teufels sein?

LIPS. Vielleicht auch des Engels, das muss sich erst zeigen, aber der ihrige werd ich auf alle Fäll.

SPORNER. Goddam!

WIXER *(zu Sporner).* Das is ein guter Rat.

STIFLER. Promenieren wir ein wenig durch den Garten! *(Geht mit Sporner und Wixer durch die kleine Glastüre links nach dem Garten ab.)*

LIPS *(allein).* Das is Aufregung, so ein Moment reißt ei'm die Schlafhauben vom Kopf, das is Senf für das alltägliche Rindfleisch des Lebens.

Neunte Szene

Anton, Madame Schleyer, Lips.

ANTON *(tritt zur Mitte links, meldend, mit Madame Schleyer ein).* Die verwitwete Frau von Schleyer. *(Geht wieder in den Garten ab.)*

LIPS. Unendlich erfreut –

MADAME SCHLEYER *(sehr elegant und auffallend gekleidet).* Herr von Lips entschuldigen –

LIPS. Was verschafft mir das Vergnügen?

MADAME SCHLEYER. Ich komm als Ballgeberin – es wird sehr glänzend werden.

LIPS. Der Glanz alles Glänzenden wird durch schwarze Unterlag gehoben, drum sind immer die Bälle die glänzendsten, denen das Unglück den dunklen Grund abgibt, für welches dann der Glanz des Balles zum Strahl des Trostes wird. So wird auch ohne Zweifel Ihr Ball einen wohltätigen Zweck haben.

MADAME SCHLEYER. Das heißt – mein Ball hat allerdings einen wohltätigen Zweck, insofern das Vergnügen wohltätig auf den Menschen wirkt –

LIPS. Aha, und insofern der Ballertrag wohltätig auf die Finanzen der Ballgeberin wirkt.

MADAME SCHLEYER. Insofern es ferner eine Wohltat für die Leut ist, die einem kreditiert haben, wenn sie zu ihrem Geld kommen.

LIPS. Mit einem Wort, zu Ihrem Besten und zum Besten Ihrer Gläubiger wird der Ball gehalten; jetzt brauchen Sie nur noch die Gäste mit dem Ball zum Besten zu halten, so is ein allgemeines Bestes erzweckt.

MADAME SCHLEYER. Der Herr von Lips machen Spaß mit einer Witwe, die im Drang der Verhältnisse –

LIPS. Haben Sie so viele Verhältnisse, dass ein förmlicher Andrang daraus entsteht?

MADAME SCHLEYER. Mir hätt nie die Idee kommen sollen, den Schleyer zu nehmen.

LIPS. Was? Sie haben den Schleier nehmen wollen?

MADAME SCHLEYER. Ich hab ihn genommen, der Himmel hat mir 'n aber wieder genommen.

LIPS. Ja so! Der selige Herr Gemahl hat Schleyer geheißen?

MADAME SCHLEYER. Aufzuwarten!

LIPS. Und hat Ihnen nichts hinterlassen?

MADAME SCHLEYER. Nichts als das kleine Haus da heraußen, von dem ich die Hälfte an eine Sommerpartei verlass. Jetzt hab'n mir die Gläubiger auf das Haus greifen wollen.

LIPS. Fatal, vorm Feuer kann man ein Haus assekurieren lassen, aber an eine Assekuranzanstalt vor Gläubigern hat man noch immer nicht gedacht, und doch werden offenbar mehr Häuser den Gläubigern als den Flammen zum Raube.

MADAME SCHLEYER. In der Desperation hab ich den

Entschluss gefasst, einen Ball zu geben; denn das Haus, worin mein Mann g'storben is, lass ich mir nicht entreißen.

LIPS. Natürlich, so was is als Tempel süßer Erinnerung unschätzbar.

MADAME SCHLEYER. Konträr, Herr von Lips, dass ich ihn in dem Haus los'worden bin, das is die unschätzbare Erinnerung.

LIPS. Also unglückliche Ehe und wahrscheinlich ohne Delikatesse?

MADAME SCHLEYER. Oh! Der Schleyer war kotzengrob.

LIPS. Wer war denn der Herr Gemahl?

MADAME SCHLEYER. Ein alter Streich- und Projektenmacher. Sie glauben nicht, wie der mich hinters Licht geführt hat. Herr von Lips müssen wissen, ich war in der Stadt bei der Handlung.

LIPS. Bei was für einer Handlung?

MADAME SCHLEYER. Putzhandlung.

LIPS. Eine schöne Handlung, die durch Wechsel floriert, während so manche andre Handlung durch Wechsel falliert.

MADAME SCHLEYER. Er is öfters in Equipage zu mir kommen – zu einer unerfahrnen Marchandmode gefahren kommen, is das sicherste Verfahren, ihr Herz in Gefahr zu bringen.

LIPS. Mit einem Wort, Sie wurden geblendet, ohne weder Fink noch Belisar zu sein.

MADAME SCHLEYER. Die Equipage war ausg'liehen – das Vermögen Schein – das heißt nicht etwa Wiener Währung –

LIPS. Wir kommen aber ganz vom Ball ab.

MADAME SCHLEYER. Hier hab ich die Ehre, ein Billett – *(übergibt ihm ein Ballbillett).*

LIPS *(es besehend).* Der Preis is fünf Gulden –

MADAME SCHLEYER. Der Drucker hat vergessen, draufzusetzen: »Ohne Beschränkung der Großmut«, was ich ihm doch so aufgeboten hab.

LIPS. »Standespersonen zahlen nach Belieben« wär besser, denn das Prädikat »großmütig« reizt die allgemeine Eitelkeit weit weniger als der Titel »Standesperson«. Ich hab nicht gewechselt, Madame Schleyer müssen schon gütigst diesen Hunderter annehmen.

MADAME SCHLEYER. Herr von Lips – Ihre Großmut – Ihre – *(eilfertig)* ich verharre mit untertänigstem Dank die tiefergebenste Dienerin! *(Verneigt sich und geht rasch durch die Mitte links ab.)*

LIPS *(allein).* Mein Kompliment! Wie sich die tummelt, die muss einen Abscheu vor dem Herausgeben hab'n. *(Sich besinnend.)* Aber halt, ich vergess ja ganz, dass sie meine Braut is. *(Eilt zur Türe und ruft ihr nach.)* Ich bitt, Madame – hab'n S' die Güte – auf ein' Augenblick – *(für sich)* sie kommt zurück.

MADAME SCHLEYER *(zurückkommend).* Herr von Lips haben gerufen? Ich hätte vielleicht herausgeben sollen –?

LIPS. O nein, das war's nicht.

MADAME SCHLEYER. Oder wünschen vielleicht noch ein Billett?

LIPS. Nein, das ebenso wenig. Für einen Ledigen is ein Billett genug, und selbst wenn ein Lediger die Ballgeberin heirat't, braucht er nur eins, denn die Ballgeberin hat ja freies Entree auf ihrem eignen Ball.

MADAME SCHLEYER. Ich versteh Ihnen nicht –

LIPS. Werd mich gleich ganz verständlich machen; ich hab Ihnen auf einen Augenblick zurückgerufen, weil ich mich auf ewig mit Ihnen verbinden will.

MADAME SCHLEYER. Fünf Gulden kommen aufs Ballbillett, fünfundneunzig auf den Spaß, den Sie sich machen, das kann man sich schon g'fallen lassen.

LIPS. Ich mach aber Ernst, und das is eigentlich der Hauptspaß –

MADAME SCHLEYER *(äußerst erstaunt)*. Ich trau mein' Ohren nicht –

LIPS. Is es denn so wunderbar? Mir is der Schuss zum Heiraten kommen, und der Schuss trifft zufällig Sie. Besser als ein anderer Schuss, der bald mich selbst getroffen hätt.

MADAME SCHLEYER. Wie das!?

LIPS. Sie müssen wissen, mein Inneres is zerrissen wie die Nachtwäsch von einem Bettelmann – da hab ich mich also unlängst erschießen wollen, und derweil ich so im Schuss ein Testament aufsetz zugunsten meiner Freunde, is mir der Schuss zum Erschießen vergangen.

MADAME SCHLEYER. So einen veränderlichen Herrn tät auch 's Heiraten bald reuen.

LIPS. Dafür is ja eben 's Heirat'n erfunden, dass's nix mehr nutzt, wenn's einem reut; wenn die Reue nicht wär, wär ja die Liebe genug. Also jetzt in vollem Ernst: Ihre Antwort!

MADAME SCHLEYER *(für sich, in Freude und Ungewissheit schwankend)*. Ich weiß nicht, träumt mir – oder –

LIPS. Spielen Sie mir jetzt die Komödie vor, als ob nicht mein Reichtum, sondern meine liebenswürdige Persönlichkeit Ihren Entschluss bestimmet!

MADAME SCHLEYER. Komödie würden Sie das nennen – wenn –?

LIPS. Aha, Sie gehn schon drauf ein, das is recht. Wir Reichen verdienen's, dass man mit uns Komödie spielt, weil uns unsere Eitelkeit undankbar gegen den Reichtum macht. Glauben Sie denn, ein alter Millionist, wenn er aus einer G'sellschaft nach Haus kommt, knieet sich nieder vor seine Obligationen, küsset diese himmlischen Bilder und saget: »Euch nur verdank ich's, dass diese Frau auf mich gelächelt, diese Tochter mit mir kokettiert hat. Euch nur, ihr göttlichen Papiere, dass diese Cousine mich heiraten will!«? – Kein Gedanken! Er stellt sich voll Selbstgefühl vor 'n Spiegel, find't in seine Hühnertritt interessante Markierungen und meint, er is ein höchst gefährlicher Mann. Mit Recht hat die Nemesis für diesen Undank an den Papieren den Reichen zum Papierltwerden verdammt. Also heraus jetzt mit dem Entschluss, meine Holde!

MADAME SCHLEYER *(sich zierend).* Aber, Herr von Lips, ich muss ja doch erst –

LIPS. Ich versteh, vom Neinsagen keine Red, aber zum Jasagen finden Sie eine Bedenkzeit schicklich! Gut, wie Sie wünschen!

Zehnte Szene

Kathi; die Vorigen.

KATHI *(zur Mitte links eintretend).* Ah, da is ja der Herr Göd!

LIPS *(zu Kathi).* Wen sucht Sie?

KATHI. Kennen S' mich denn nicht mehr, ich bin die Kathi, die Euer Gnad'n aus der Tauf g'hoben haben.

LIPS *(sie erkennend).* Richtig, aber du bist g'wachsen seit der Zeit, das heißt, nicht seit der Tauf, sondern seit die drei Jahr –

KATHI. Wo ich 's letzte Mal bei Euer Gnaden war, wo Euer Gnaden Herr Göd so hilfreich –

LIPS. Na, 's is schon gut, mein Kind, aber jetzt hab ich hier – *(macht eine Bewegung, dass sie sich entfernen soll.)*

MADAME SCHLEYER. Entfernen Sie sich doch, meine Gute, Sie sehen ja, dass Herr von Lips über und über beschäftigt is.

KATHI *(zu Lips).* Ich bin wegen der gewissen Schuld gekommen, die hundert Gulden, die Euer Gnaden Herr Göd meiner verstorbenen Mutter so großmütig geliehen haben –

LIPS. Später, später – jetzt hab ich durchaus keine Zeit. Geh nur, Kind, geh! *(Zu Madame Schleyer.)* Ich geb Ihnen also Bedenkzeit, aber nicht mehr als eine Viertelstund!

MADAME SCHLEYER. Was kann man in einer Viertelstund bedenken? Im Grund is eigentlich gar nichts zu bedenken – und der Herr von Lips durchschauen ohnedies jede Ziererei – ich könnte also gleich –

LIPS. Ich weiß, Sie könnten gleich Ja sagen, aber mir g'fallt das jetzt mit der Bedenkzeit, diese Spannung, ich bild mir jetzt ein, ich bin in einer ängstlichen Erwartung – das unterhalt't mich. Sehn S', so muss sich der Mensch selber für ein' Narren halten. Glauben Sie mir, das is eine schöne und nicht so leichte Kunst. Um andere für einen Narrn zu halten, braucht man nix als Leut, die einem an Dummheit übertreffen; um aber mit Vorsatz sich selbst für ein' Narren zu halten, muss man sich selbst an G'scheitheit übertreffen. Also in einer Viertelstund, Angebetete – ich werde die Sekunden zählen – das Blut drängt sich zum Herzen, das Hirn pulsiert – der Atem stockt! – In einer Viertelstunde – Leben oder Tod! *(Eilt in den Speisesalon Mitte rechts ab.)*

Elfte Szene

Madame Schleyer. Kathi.

MADAME SCHLEYER *(für sich).* Ich mach da ein Glück! – Wenn er mir nur nicht mehr auskommt – ein verruckter Millionär is was G'fährliches bis nach der Kopulation.

KATHI *(für sich).* Ich wart halt doch, bis er wiederkommt, das Geld will ich nicht wieder nach Hause tragen.

MADAME SCHLEYER *(sehr vornehm zu Kathi).* Der Herr von Lips is also Ihr Göd oder eigentlich Pate, wie wir Noblen uns ausdrücken.

KATHI *(schüchtern).* Ja, Euer Gnaden.

MADAME SCHLEYER. Er hat das Geld nicht zurückverlangt, und du bringst es aus eignem Antrieb!?

KATHI. Freilich, wenn man was schuldig is, muss man zahlen.

MADAME SCHLEYER *(für sich).* In dem Hause gehen lauter ungewöhnliche Sachen vor.

KATHI *(nach und nach mehr Mut fassend, nähert sich Madame Schleyer).* Euer Gnaden sind so herablassend, mit mir zu reden, werden mir also eine Frag erlauben, 's is vielleicht eine dumme Frag – *(etwas ängstlich)* hab ich recht, mir is vor'kommen, als wenn mein Herr Göd heiraten möcht?

MADAME SCHLEYER. Er projektiert so was dergleichen.

KATHI *(etwas betroffen).* Er heirat't? – Und wen will er denn heirat'n?

MADAME SCHLEYER *(stolz und kurz angebunden).* Mich!

KATHI *(ihre innere Bewegung verbergend).* Ihnen! – Nicht wahr, Sie haben ihn recht gern? Er is so gut – so ein herzensguter Herr – er verdient's, und ihm fehlt ja nix zu seinem Glück als ein treues Herz – oh, Euer Gnaden werden ihn g'wiss recht glücklich machen.

MADAME SCHLEYER *(schroff).* Ich glaub gar, Sie will mir Lektion geben, wie man einen Mann glücklich macht?

KATHI *(eingeschüchtert).* Oh, ich bitt, nur nicht bös werden, wenn ich was Dalkets g'sagt hab.

Zwölfte Szene

Stifler; die Vorigen.

STIFLER *(zur kleinen Glastüre links eintretend).* Nun! Schon alles in Ordnung? – *(Lips suchend.)* Er is nicht da?

MADAME SCHLEYER *(sich rasch umwendend).* Wen suchen Sie?

STIFLER *(sie erkennend).* Was tausend! Sie sind's?

MADAME SCHLEYER *(angenehm überrascht).* Ah! Das ist wirklich unverhofft! Wie kommen Sie daher?

STIFLER. Das muss ich Sie fragen, liebenswürdige und so plötzlich verschwundene Mathilde.

KATHI *(welcher der Name auffällt, für sich).* Mathilde?

MADAME SCHLEYER. Mit mir haben sich wohl merkwürdige Schicksale zugetragen in die anderthalb Jahr, und das neueste Schicksal is das, dass ich seit fünf Minuten dem Herrn von Lips seine Braut bin.

STIFLER. Das is allerdings merkwürdig.

MADAME SCHLEYER. So einen Goldfisch zu fangen bei der Zeit, wo jede Gott dankt, die einen Hechten erwischt!

KATHI *(für sich)*. Aber das is eine abscheuliche Frau! –

MADAME SCHLEYER. Übrigens wird's gut sein, lieber Papa Stifler –

STIFLER. Scharmant – Papa Stifler, so hat mich die aimable Mathilde Flinck immer genannt.

MADAME SCHLEYER. Es wird aber gut sein, hier nichts von früheren Zeiten zu erwähnen.

STIFLER. Natürlich! Wir sehen uns zum ersten Mal. Es sind aber noch ein paar Ihrer ehemaligen Anbeter hier, die müssen wir avisieren; ein indiskretes Wort könnte viel – suchen wir sie im Garten auf! Die werden staunen!

MADAME SCHLEYER. Ich muss aber in zehn Minuten wieder da sein.

STIFLER. Das versteht sich, lassen Sie uns eilen! *(Bietet ihr den Arm.)*

MADAME SCHLEYER. Einen Millionär, der die Sekunden zählt, darf man nicht eine Minute warten lassen.

(Beide, Seite links, durch die kleine Glastür ab.)

Dreizehnte Szene

Kathi; dann Gluthammer. – Während dieser Szene wird es rückwärts und in den Kulissen zugleich sehr langsam Nacht.

KATHI *(allein).* Ich versteh blutwenig vom Heiraten, aber dass so eine einen Mann glücklich macht, das glaub ich mein Lebtag nit.

GLUTHAMMER *(links hereineilend).* Kathi! – Kathi! – Ich lass mir's nicht nehmen, ich hab was g'sehn.

KATHI. Wer will Ihm was nehmen? Und was hat Er g'sehn?

GLUTHAMMER. Ich hab von weiten was g'sehn, was mich sehr nahe angeht, und das lass ich mir nicht nehmen.

KATHI. Er is ja ganz außer sich!

GLUTHAMMER. Nit wahr? Oh, ich hab wie ein Wütender mit allen vieren um mich geschlagen; der dumme Anton hat mir den Hammer wegg'nommen.

KATHI. Das war recht g'scheit von ihm. Aber jetzt red der Herr, über was is Er denn wütend worden?

GLUTHAMMER. War nicht früher eine da?

KATHI. Grad den Augenblick is eine fort'gangen.

GLUTHAMMER. Jetzt schlag die Kathi d' Händ über 'n Kopf z'samm', diese eine war in der Entfernung deutlich die Meine.

KATHI. Warum nit gar! Es war ja die Braut vom gnädigen Herrn.

GLUTHAMMER. Kann's nicht glauben, der Anton hat mir offenbar einen falschen Nam' g'sagt.

KATHI. Hier hat ein Herr mit ihr g'red't und hat s' Mathilde Flinck g'nannt.

GLUTHAMMER *(laut aufschreiend).* Mathilde Flinck –!? Flinck!? Mathilde!? Sie is's! Sie is's!!

KATHI. Wer?

GLUTHAMMER *(außer sich).* Meine Geraubte! Hier halt't man sie gefangen, die treue Seele, hier hat sie zwei Jahre lang allen Rauberkünsten getrotzt! O Gott – o Gott!!

KATHI. Die da war, hat sehr freundlich mit 'n Herrn vom Haus disk'riert.

GLUTHAMMER. Aha! Das war, um den Rauber zu beschwichtigen. O Mathilde! Zur List nimmst du die Zuflucht!? Geduld, Engel, ich komm dir mit Gewalt zu Hilf! *(Rennt wütend zur Türe des Speisesalons Mitte rechts.)*

KATHI *(erschrocken ihn zurückhaltend).* Was will denn der Herr Gluthammer –!?

GLUTHAMMER *(grimmig).* Sein Leben will ich, nix als sein Rauberleben. Is denn nirgends ein Mordinstrument? Mein Hab und Gut für einen Taschenfeidl! Eine Million für a halbe Portion Gift! Ein Königreich, wenn mir ein Tandler a alte Guillotine verschafft!

KATHI. Is Er rasend?

GLUTHAMMER. Ja, rasend dumm, dass ich mich um ein Instrument alterier; diese Fäust sind Dietrich genug, um einem die Pforten der Ewigkeit aufzusperren.

KATHI. Was? Ich sag Ihm's, meinem Herrn Göden lass ich nix g'schehn!

GLUTHAMMER *(mit zunehmendem Ungestüm).* Wo is er?

KATHI *(ängstlich).* Er is – er is in Garten gangen.

GLUTHAMMER *(außer sich vor Grimm).* Gut, dort will ich ihm zur Hochzeit gratulieren! *(Indem er wütend wäh-*

rend der folgenden Worte alle Hiebe, Stiche, Stöße und Tritte pantomimisch ausdrückt.) Glück – Freud – Gesundheit – langs Leb'n – und alles Erdenkliche, was er sich selbst wünschen kann. Wart, Rauber!! *(Rennt wütend durch die Mitte links ab.)*
(Es ist mittlerweile etwas dunkel geworden.)

Vierzehnte Szene

Kathi; Madame Schleyer, Stifler, Sporner, Wixer treten Seite links durch die Glastüre ein.

KATHI. Gott, was hab ich getan? Ich hab mein Herrn Göden verraten! Ich bin eine unglückselige Person –

STIFLER *(mit Mathilde, Sporner und Wixer zur kleinen Glastüre Seite links aus dem Garten eintretend).* Kommen Sie, liebenswürdige Mathilde, die Abendluft ist kühl.

WIXER. Auf unsern Freund seine Braut müssen wir ja weiter nit schaun!

MADAME SCHLEYER. Zu gütig, meine Herren!

KATHI *(welche erst ängstlich nach der Mitteltüre links gelaufen, läuft jetzt Mitte rechts an die Türe, welche in den Speisesalon führt, und ruft an der zugemachten Türe).* Herr Göd –! Lieber gnädiger Herr Göd!!

STIFLER. Was macht denn das Geschöpf für einen heillosen Rumor?

KATHI. Ach, meine Herren, ich muss mit mein' Herrn Göden sprechen, und das an der Stell!

STIFLER. Das geht jetzt nicht an!

MADAME SCHLEYER. Geh, Kind, geh und komm ein anders Mal!

KATHI. O Madame, ich muss!

MADAME SCHLEYER *(ungeduldig und gebieterisch).* Ein anders Mal, hab ich gesagt! Und jetzt bitt ich mir's aus – *(zeigt nach der Türe Mitte links).*

STIFLER *(zu Madame Schleyer).* Ärgern Sie sich nicht! –

KATHI *(eingeschüchtert, für sich, indem sie sich rückwärts nach der Türe zieht).* Der alte Bediente muss ihn warnen – den muss ich schaun, dass ich find. *(Eilt in die Mitte links ab.)*

Fünfzehnte Szene

Die Vorigen ohne Kathi.

STIFLER. Wir bringen also heute noch der baldigen Gebieterin dieses Hauses ein Lebehoch.

MADAME SCHLEYER. Meine Herren, Ihre Huldigung erfreut mich unendlich, und ich werde Ihnen stets eine freundliche Hauswirtin sein.

WIXER. Wirtin, das is das echte Wort.

MADAME SCHLEYER. Wir wollen einen kleinen, aber umso fröhlicheren Zirkel bilden.

WIXER. Das is das Wahre. Klein muss a G'sellschaft sein, aber honett, nacher is's a Passion.

STIFLER. Jetzt lassen wir aber Freund Lips nicht länger schmachten.

MADAME SCHLEYER. Nicht wahr, die Viertelstund is schon vorbei?

(Zwei Bediente treten, jeder mit zwei angezündeten Armleuchtern, zur Mitte links ein und stellen jeder einen davon auf den Tisch rechts und links. In den Kulissen Tag, im Hintergrunde bleibt es Nacht).

STIFLER *(zu Madame Schleyer).* Erlauben Sie mir, dass ich ihm sein Glück verkünde. *(Er öffnet Mitte rechts die Türe nach dem Speisesalon, und man sieht Lips auf einem Diwan ausgestreckt liegen und schlafen.)* Er schlaft – !? *(Die zwei Bedienten, welche die beiden andern Armleuchter nach dem Speisezimmer tragen wollten, haben sich in dem Moment der Türe genähert, als Stifler selbst öffnete, so dass sie unwillkürlich den schlafenden Lips beleuchten.)*

SPORNER *und* WIXER *(erstaunt).* Er schlaft – !?

MADAME SCHLEYER *(überrascht und ihren Ärger kaum bezwingend).* Er schlaft! – Das is etwas stark –

STIFLER. Ohne Zweifel hat ihn infolge der Gemütsaufregung und der eingetretenen Dunkelheit ein leiser Schlummer überfallen.
(Lips schnarcht.)

MADAME SCHLEYER. Das scheint schon mehr als ein Schlummer zu sein.

WIXER. Was man sagt, ein Rossschlaf.

STIFLER *(zu den Bedienten).* Stellt nur die Lichter hinein!
(Die Bedienten stellen die Lichter in den Speisesalon.)

MADAME SCHLEYER. Lassen S' mich jetzt allein, meine Herren, mit dem – *(halbleise)* Murmeltier.

STIFLER. Gehn wir zu den Übrigen ins Billardzimmer!

WIXER *(indem er mit Stifler und Sporner durch Mitte rechts in den Speisesalon nach rechts ab- und an dem schlafenden Lips vorübergeht, den Bedienten, welche die Lichter in den Speisesalon gestellt, zurufend).* G'schwind, Bediente, aufzünden beim Billard, eine à la guerre geht los. *(Die Bedienten folgen ihm.)*

Sechzehnte Szene

Madame Schleyer. Lips.

MADAME SCHLEYER. Die poltern an ihm vorbei, und er rührt sich nicht! – *(Dem schlafenden Lips nähertretend.)* Herr von Lips –

(Lips schnarcht sehr stark.)

MADAME SCHLEYER *(erschrocken einen Schritt zurücktretend).* Nein, wie der schnarcht – wie mein Seliger – liebenswürdige Eigenschaft! *(Tritt ihm näher und ruft laut.)* Herr von Lips! Herr von Lips!

LIPS *(erwachend und aufspringend).* Was gibt's –? Ah, Madame, Sie sind's – entschuldigen!

MADAME SCHLEYER. Sie schnarchen ja, dass einem die Haar' zu Berg stehn.

LIPS. Da bitt ich um Vergebung, das kommt vom Träumen, ich hab grad so einen g'spaßigen Traum g'habt.

MADAME SCHLEYER. Sonst is das nur bei beängstigenden Träumen der Fall, oder wenn die Trud –

LIPS. Mir hat von Ihnen geträumt. Sie haben mich verschmäht, haben meine Hand ausgeschlagen.

MADAME SCHLEYER. Und das is Ihnen gar so spaßig vorgekommen?

LIPS. Im Traume kommt einem ja alles anders vor als in der Wirklichkeit.

MADAME SCHLEYER. Träume bedeuten auch gewöhnlich das Konträre. Die Viertelstunde, die Sie mir gegeben, is vorüber und –

LIPS *(zerstreut)*. Was für eine Viertelstund?

MADAME SCHLEYER *(pikiert)*. Na, die Bedenkzeit!

LIPS. Ah, ja so, richtig – das hätt ich bald verschlafen. Sie verschmähen mich also nicht?

MADAME SCHLEYER. Beinahe hätten Sie's verdient; demungeachtet will ich diesmal –

LIPS *(im ruhigen, gleichgültigen Tone)*. Gnade für Recht ergehen lassen, weil – etcetera, gut! Wir wollen also, weil mein Traum nicht ausgeht, weiter träumen, das heißt, von der Zukunft diskuriern; das is auch ein Traum, der selten ausgeht. Is Ihnen nicht gefällig, Platz zu nehmen? *(Rückt einen Stuhl zurecht.)*

MADAME SCHLEYER *(für sich)*. Is das eine Hindeutung, dass er mich sitzen lassen will?

LIPS *(sich setzend, ohne in der Zerstreuung zu bemerken, dass Madame Schleyer sich nicht setzt)*. Bis wann glauben Sie also, dass unsere Verlobung –?

MADAME SCHLEYER. Hm! Da eben Gäste, folglich auch Zeugen anwesend sind, so meinet ich – heut abends.

Siebzehnte Szene

Gluthammer; die Vorigen.

GLUTHAMMER *(tritt, von beiden unbemerkt, zur Mitteltüre links ein und bleibt, im Hintergrunde lauschend, in heftiger Aufregung stehen, für sich)*. Sie is's!! – Das Lamm steht vor dem Opferer.

LIPS. Und bis wann meinen Sie die Hochzeit?

MADAME SCHLEYER. Ich glaub, das wär wohl an Ihnen, den Tag zu bestimmen.

GLUTHAMMER *(betroffen, für sich)*. Was? Dem Lamm is's recht, wann's dem Opferer gefällig is.

LIPS. So können wir also in sechs Wochen ein Paar sein.

MADAME SCHLEYER *(beleidigt)*. Sechs Wochen?! – Ich glaub, wenn die Braut in einer Viertelstund den Entschluss fasst, so könnt der Bräutigam doch längstens in acht Tagen mit die Anstalten fertig sein.

GLUTHAMMER *(furchtbar enttäuscht)*. Wie g'schieht mir denn? 's Lamm kann's nicht erwarten, bis 's geopfert wird –!?

LIPS *(mit forcierter Laune)*. Acht Tag, sagen Sie? Zu was? Das wär traurig, wenn man einen Geniestreich nicht in vierundzwanzig Stund' zusamm'brächt. Morgen muss die Hochzeit sein.

GLUTHAMMER *(vorstürzend)*. Und heut noch is die Leich!

LIPS *(erstaunt)*. Was will denn –?

MADAME SCHLEYER *(aufschreiend)*. Ah! Der Gluthammer! *(Hält sich an einen Stuhl.)*

GLUTHAMMER. Ja, Elende, der Gluthammer in der furchtbarsten Hitz!

LIPS. Und sie erstarret zu Eis!

GLUTHAMMER *(wütend zu Lips)*. Mach dein Testament, Glückzerstörer! Seligkeitvernichter!

MADAME SCHLEYER. Ich bin verloren! –

LIPS. Für mich keineswegs. Glauben Sie, dieses schmutzige Verhältnis *(auf Gluthammer deutend)* schreckt mich ab? Glauben Sie denn, ich hab Ihnen für eine reine Seele gehalten? Eine Narrheit will ich begehn, und ich sehe immer mehr und mehr, ich hätte keine würdigere Wahl treffen können. *(Schließt sie in seine Arme.)*

GLUTHAMMER *(grimmig)*. Ha, dieser Anblick –!!

MADAME SCHLEYER *(zu Lips)*. Rufen S' Ihre Bedienten!

LIPS. Zu was? Ich krieg selbst einen Gusto, eine alte Gymnastik regt sich in mir.

GLUTHAMMER *(sein Schurzfell aufrollend, zu Lips)*. Heraus, wennst Courage hast!

LIPS *(zu Gluthammer)*. Prahlhans, ich bin ein g'lernter Boxer. *(Zieht den Rock aus.)*

GLUTHAMMER *(die Fäuste ballend)*. A solche Lektion hast aber sicher noch keine kriegt. *(Beide stürzen aufeinander los und ringen.)*

MADAME SCHLEYER *(während dem Kampf)*. Aber Herr von Lips – geben Sie sich nicht ab – *(ängstlich)* zu Hilf! Bediente!

GLUTHAMMER *(im Ringen zu Lips, den er gegen die Mitte links gedrängt)*. Dir hilft kein Bedienter mehr!

LIPS *(indem er seine Kraft zusammennimmt)*. Ich will dir zeigen, dass ich keinen brauch. *(Drängt Gluthammer in die Mitte links zur Türe hinaus.)*

MADAME SCHLEYER (ängstlich). Is denn niemand da?

GLUTHAMMER *(Mitte links zurückkommend)*. Ich bin wieder da!

LIPS. Noch keine Ruh? Na, wart – Kerl, g'freu dich! *(Stürzt ihm entgegen und beide kommen, indem sie ringen, in die Nähe der Balkontüre, die offensteht; unwillkürlich drängt einer den andern hinaus auf den Balkon. Beide stürzen während eines Schreckensrufes, indem sie sich umklammert halten, samt dem noch nicht festgemachten Eisengitter über den Balkon hinab.)*

MADAME SCHLEYER *(laut aufschreiend).* Ah –!! Er is des Todes! *(Stürzt zum Balkon.)* Himmel –! Ins Wasser! – Rettung! – Tod! Hilf!

Achtzehnte Szene

Madame Schleyer. Stifler, Sporner, Wixer, mehrere Herren aus Mitte rechts. Anton, Christian, Josef aus Mitte links.

STIFLER *(mit den Übrigen eilig und in ängstlicher Verwirrung aus der Türe des Speisesalons kommend).* 's ist nicht möglich!

WIXER. Vom Billardzimmer hat man's deutlich g'sehn.

MADAME SCHLEYER. In Abgrund g'stürzt, alle zwei –! *(Sinkt auf einen Stuhl links.)*

STIFLER. Der Mörder mit?

WIXER. Nur g'schwind, Schinakeln, Schiffleut! *(Mitte links ab.)*

DIE HERREN. Ja, Schiffleute! Stricke! Stangen! *(Eilen mit den Bedienten zur Mitte links ab.)*

Neunzehnte Szene

Madame Schleyer. Stifler. Sporner.

STIFLER. Erholen Sie sich, schöne Frau!

MADAME SCHLEYER. Das is zu viel! Vor zwei Minuten haben noch zwei Männer um mich g'rauft, und jetzt macht mich ein zweifacher Tod zur dreifachen Witib.

STIFLER. Beruhigen Sie sich, Herr von Lips muss gerettet werden. *(Zu Sporner.)* Sie könnten sich auch ein wenig tätiger annehmen!
SPORNER *(ganz ruhig)*. Goddam!
STIFLER. Damit ist ihm nicht geholfen.

Zwanzigste Szene

Wixer mit mehreren Herren durch die Mitte links eintretend; die Vorigen.

WIXER. Beim Mondschein hat man einen Kopf obern Wasser g'sehn, sie rudern schon nach.
STIFLER. Treten wir auf den Balkon.
DIE HERREN. Von hier kann man's sehen.
(Alle, auch Madame Schleyer, drängen sich auf den Balkon.)
WIXER. Dort – sehn S' –
ALLE. Wo? Wo?
WIXER. Dort! Sieht man nix mehr?
DIE HERREN. Da ist keine Rettung!
STIFLER. Offenbar Mord –!
WIXER. Ein Glück für 'n Mörder, wann er auch ersoffen is.

Einundzwanzigste Szene

Lips und die Vorigen auf dem Balkon.

LIPS *(ist, ohne von den Anwesenden, welche, um die Balkontüre gedrängt, ihre Blicke nach außen richten und folglich Lips den Rücken kehren, bemerkt zu werden, ganz durchnässt zur Mitteltür links eingetreten und hat die letzten auf dem Balkon geführten Reden gehört).* Schauderhaft, er is nicht ersoffen, der Mörder lebt – lebt fürs Kriminal –! *(Fasst sich verzweifelt mit beiden Händen an den Kopf.)*

DIE HERREN *(auf dem Balkon).* Tot is tot!

LIPS *(in größter Angst).* Flucht! – Flucht! – Schleunige Flucht! – *(Eilt zur Seite links ab.)*

(Im Orchester fällt passende Musik ein.)

Der Vorhang fällt.

Zweiter Akt

Die Bühne stellt das Innere eines Wirtschaftsgebäudes und Getreidespeichers auf dem Pachthofe Krautkopfs vor. Rechts, links und in der Mitte des Fußbodens befinden sich drei praktikable Falltüren. Rechts führt eine Seitentüre nach dem Wohngebäude, links eine Seitentüre ins Freie. Im Hintergrund in der Mitte ist ein großes Tor, welches zur Dreschtenne führt; im Hintergrunde derselben liegen Getreidegarben hoch aufgeschichtet, rechts im Vordergrunde stehen ein Tisch und zwei Stühle, links zwei Stühle.

Erste Szene

Krautkopf. Kathi. Zwei Bauernknechte.

KRAUTKOPF *(zu den Knechten).* Is der Kleeacker schon g'mäht?

ERSTER KNECHT. Das g'schieht heut.

KRAUTKOPF. Is 's Heu schon aufg'schobert?

ERSTER KNECHT. Das g'schieht heut.

KRAUTKOPF *(ärgerlich).* Heut, heut, alles g'schieht heut!

ERSTER KNECHT. Wie können's auf morgen auch lassen.

KRAUTKOPF. Ich werd dich gleich umbringen; gestern, gestern hätt's schon soll'n g'schehn sein. Gedroschen muss auch werd'n – au weh, mein Kopf! – Auf alls soll man denken! – Die Drescher soll'n kommen, sonst bring ich s' auch um.

ERSTER KNECHT. Sie wer'n noch beim Fruhstuck sein. *(Die beiden Knechte gehen zur Seite links ab.)*

KRAUTKOPF *(zu Kathi).* Und du kommst wieder gar nicht vom Fleck? Rühr dich, lustig, lebendig!

KATHI *(welche traurig im Vordergrunde rechts gestanden).* Ich soll lebendig sein, und er – er is tot! *(Bricht in Tränen aus.)*

KRAUTKOPF. Alles mit Maß, die Weinerei is z'viel! Wenn ein Göd stirbt, so weint man in der ersten Stund und in der zweiten fragt man, ob er ei'm was vermacht hat, und is das nicht der Fall, so schimpft man in der dritten Stund über ihn und in der vierten arbeit't man wieder darauf los wie vor und eh.

KATHI. Der Herr Vetter kann das Gefühl nicht haben, der Vetter hat ihn nicht kennt, hat ihn gar nie g'sehn, den guten Herrn, aber ich – *(weint).*

KRAUTKOPF. Warum war er nie heraußt? Wann hätt ich Zeit zu Visitenmachen g'habt? Ich weiß eh nicht, wo mir der Kopf steht.

DRITTER KNECHT *(tritt mit einer hochaufgetürmten Butten von Krauthäupteln Seite links ein).* Wo kommt denn das Kraut hin?

KRAUTKOPF *(eilig die Falltüre rechts öffnend).* Da in den Keller herunter! Leer die Butten um!

(Dritter Knecht stürzt die Butten um und lässt die Krauthäupteln in den Keller hinabrollen.)

KRAUTKOPF. So –

(Der Knecht geht Seite links ab. – Vierter Knecht tritt Seite links ein mit einer Butten voll weißer Rüben.)

KRAUTKOPF. Was bringt denn der?

VIERTER KNECHT. Ruben haben wir ausg'nommen. *(Will die Butten in denselben Keller hinableeren.)*

KRAUTKOPF. Halt! Nicht da herein! *(Eilt zur Falltüre links.)*

Da g'hören die Ruben her! *(Indem er die Falltüre öffnet.)* An keine Ordnung g'wöhnt sich das Volk. – Kraut und Ruben werfeten s' untereinand' als wie Kraut und Ruben! *(Vierter Knecht hat abgeleert, wie ihm befohlen, und geht Seite links ab.)*

KRAUTKOPF *(zu Kathi)*. Und du, Kathi, schau nach wegen Fruhstuck – und jetzt soll ich noch wegen Robotausweis – und wenn extra heut noch die Herrn mit n' Herrn Justitiarius – auf was soll ich noch alles denken! Au weh, mein Kopf! *(Eilt in die Seitentüre rechts ab.)*

Zweite Szene

Kathi; dann Lips.

KATHI *(allein)*. Manchen Augenblick is mir grad nicht anders, als ob die ganze Welt g'storben wär, und manchen Augenblick denk ich mir wieder, es kann nicht sein, er muss leben, er muss wieder zum Vorschein kommen.

LIPS *(als Bauernknecht verkleidet, mit ängstlicher Vorsicht durch die Türe, Seite links, hereinkommend)*. Kathi! Kathi!

KATHI *(zusammenfahrend)*. Gott im Himmel –! Das war seine Stimm –!

LIPS *(vortretend)*. Es is mehr, es is der ganze Herr von Lips!

KATHI *(im höchsten Ausbruch der Freude)*. Is's möglich! Ja – ja, er lebt! Mein Herr Göd is nicht ertrunken –!!

LIPS. Nein, das Wasser hat mich verschont, ich scheine eine andere Bestimmung zu haben.

KATHI. Gott – die Freud –! Herr Vetter, der gnädige Herr als Bauer verkleid't –! Ich ruf's ganze Haus z'samm'!

LIPS. Still, um alles in der Welt – ich bin ja kriminalisch!

KATHI. Ah, gehn S' doch –!

LIPS. Ja, ja, Kathi, in Ernst, was du da siehst, *(auf sich zeigend)* das is dem Kriminal verfallen.

KATHI. Warum nicht gar! Weil a paar dumme Leut aussprengen, Sie haben absichtlich –

LIPS. 's waren Zeugen! Meine G'sellschaft hat 's Fenster aufg'rissen in Billardzimmer – in dem Augenblick, wie ich auf 'n Balkon zum Schlosser g'sagt hab: »Wart, Kerl, g'freu dich!« – In dem »Wart, Kerl, g'freu dich!« liegt scheinbar vorsätzlicher Mord, das »Wart, Kerl, g'freu dich!« bricht mir 's G'nack und wird zum furchtbaren »Wart, Kerl, g'freu dich!« für mich selbst.

KATHI. Ich darf also dem Vetter Krautkopf nix sagen?

LIPS. Keine Silb'n, ich bin ersoffen für die ganze Welt! Auf dem allgemeinen Glauben, dass ich bereits den Grundeln Magenbeschwerden verursach, gründet sich meine Existenz. 's Fatalste is aber, mir is 's Geld aus'gangen, bei einer so unverhofften Wasserreis steckt man nicht besonders was zu sich. Dieses Bauerng'wand war meine letzte Dépense.

KATHI. Lieber Himmel, wenn ich nur die hundert Gulden noch hätt, die ich Ihnen schuldig war, aber ich hab s' Ihrem alten Bedienten übergeben.

LIPS. Da haben wir einen Beweis, was das für üble Folgen haben kann, wenn man zu voreilig is im Schuldenzahlen.

KATHI. Ein Glück, dass Euer Gnaden so viel Freunde haben.

LIPS. Freunde? Kind, ins Wasser g'fall'n bin ich eh schon, soll ich jetzt abbrennen auch noch wie jeder, der im Unglück auf Freunde baut?

KATHI. Wer hat Ihnen denn gerettet?

LIPS. Ich selbst war der edle Mann, dem ich so hoch verpflichtet bin; ich bin ans Land geschwommen, aber jetzt erst, seitdem ich im Trocknen bin, fang ich an unterzugehn. Ich hab zwar drei Freunde, das sind treue Freund, die drei! Die werden viel für mich tun, das kann aber erst in einige Wochen g'schehn! Dann flücht ich ins Ausland. Jetzt soll'n s' aber noch gar nix erfahren –

KATHI. Also haben Sie doch Hoffnungen für die Zukunft?

LIPS. Das wohl, aber die Zukunft is noch nicht da, und wie hinüberkommen in die Zukunft? Ohne Essen kommt man nicht durch die Gegenwart. Wenn ich jetzt das Geld hätt, was ich so oft auf ein einziges Garçondiner ausgegeben hab! Heut z' Mittag komm ich auf den Punkt, wo ich jeden vierfüßigen Garçon um sein Diner beneiden werde.

KATHI *(die Hände ringend)*. Mein Herr Göd in Not –! Nein, das kann, das derf nicht sein!

LIPS. Ich hab da heraußt so ein schönes Schloss, ich war schon jahrelang nicht da, weil's mir zu fad war. Wenn ich jetzt einbrechen könnt in mein Schloss, wie ich mir alle wertvollen Gegenstände raubet –! Aber 's geht nicht, mein Inspektor tät mich erwischen, mein eigener Amtmann liefert' mich ins Kriminal.

KATHI. Gott, wenn ich jetzt eine Millionärin wär –! Aber ich hab nichts – gar nichts – 's is schrecklich! Was werden S' denn jetzt anfangen, mein lieber, guter gnädiger Herr?

LIPS. Sag deinem Vetter, du kennst mich, ich war Geschäftsführer bei deiner Mutter ihrem ehemaligen Miliweib, und leg ein gutes Wort ein, dass er mich in Dienst nimmt.

KATHI. Was? Euer Gnaden wollen dienen auf dem Grund und Boden, wo Sie Herr sind?

LIPS. Red nicht, Kathi, ich bin ja kriminalisch!

KATHI. Aber bedenken S' doch – *(nach der Seitentüre rechts sehend)* der Vetter Krautkopf –

LIPS. Jetzt, Kathi, red!

Dritte Szene

Krautkopf; die Vorigen.

KRAUTKOPF *(aus der Seitentüre rechts kommend).* Au weh, mein Kopf – g'schwind, Kathi, schau nach – *(Lips bemerkend)* wer is denn das?

KATHI. Es is – *(für sich)* ich trau mir's nicht zu sagen – *(stockend)* es is –

LIPS. Ein Knecht.

KATHI. Er möcht gern hier bei Ihnen, Herr Vetter, in Dienst.

KRAUTKOPF. Mir sind die z'wider, die ich schon in Dienst hab, der ging' mir g'rad noch ab!

KATHI. Sie haben ja vorgestern zwei fortgejagt.

KRAUTKOPF. Richtig, hast recht. Man kann nicht auf alles denken –

KATHI. Und der is so brav, so gut –

KRAUTKOPF. Woher kennst du ihn denn?

KATHI. Ich – ich kenn ihn – *(stockend)* aus der Stadt.

KRAUTKOPF. Aus der Stadt?

LIPS *(ganz bäurisch).* Ich hab d' Mili einig'führt.

KRAUTKOPF. Bei wem war Er denn?

LIPS *(grob).* Wo werd ich denn g'wesen sein? Bei ein' Miliweib.

KRAUTKOPF *(über Lips' Ton aufgebracht).* Wie red't denn Er mit mir?

LIPS. Grad so, wie ich mit mein' Miliweib g'red't hab.

KATHI *(ihn leise zurechtweisend).* Aber, Euer Gnaden –

KRAUTKOPF *(zu Lips).* Möglich, dass s' Miliweib ihre Ursachen hat g'habt, ich vertrag aber Seinen Ton nit – *(für sich)* und wo nur die Kerl'n wieder bleiben – *(ruft zur Seitentüre links hinaus)* he, Seppel, Martin!

LIPS *(zu Kathi).* Ich hab glaubt, auf 'n Land is die Grobheit z' Haus, und nach dem Grad von Flegelei, der in der Stadt Mode is, hab ich mir denkt, muss ich recht –

KATHI. Ach nein, bei die Bauern halt't man doch auf Art!

KRAUTKOPF *(Lips messend).* Der Pursch schaut mir so ung'schickt aus. *(Laut zu Lips.)* Versteht Er was? Kann Er ordentlich ackern?

LIPS *(erschrocken).* Ackern –? Werden hier Menschen vor den Pflug gespannt –?

KRAUTKOPF. Red Er nicht so einfältig! Kann Er anbauen?

LIPS. An'baut hab ich wohl schon viel –

KRAUTKOPF. Aber auch ordentlich, dass was aufgehn kann?

LIPS. Bei mir is sehr viel auf'gangen.

KRAUTKOPF. Aber noch kein Licht über d' Landwirtschaft.

LIPS. Ich war zehn Jahr bei einem Miliweib.

KRAUTKOPF. Also passt Er vermutlich mehr zum Vieh.

LIPS. Soll das eine Kränkung für mich oder fürs Miliweib sein?

KRAUTKOPF. Ich mein, ob Er Kenntnis für den Viehstand hat. Was habts denn für Küh g'habt?

LIPS. Eine Schweizer Kuh, die hat alle Tag sechs Maß Obers gegeben.

KRAUTKOPF. Warum nicht gar ein' Milirahm!

LIPS. Für die g'wöhnliche Mili haben wir ordinäre Küh g'habt.

KRAUTKOPF *(für sich)*. Ich werd nicht klug aus dem Menschen. *(Zu Lips.)* Habts ihr Stallfütterung g'habt? –

LIPS. G'schlafen haben wir im Stall, aber gegessen in Zimmer.

KRAUTKOPF. Wer red't denn von euch? Ich mein die Küh.

LIPS. Die hab ich alle Tag auf die Wiesen begleit't.

KRAUTKOPF. Schlechte Manipulation! Warum war die Milifrau gegen die Stallfütterung?

LIPS. Vermutlich hat sie den Jodl nicht beleidigen wollen.

KRAUTKOPF. Er is a Narr. Von die Schaf und von die Ziegen wird Er wohl auch nicht zu viel verstehen?

LIPS. Hm! Die Schaf, wenn s' fromm sein, gehn viele in einen Stall, und wenn's donnert, stecken s' die Köpf' z'samm'; sonst ist an ihnen nichts Bemerkenswertes. Um die Geißböck hab ich mich nie umg'schaut, die sind mir zu fad.

KRAUTKOPF. Fad? Warum sollen g'rad die Geißböck fad sein?

LIPS. Dass s' b'ständig den nämlichen Witz anbringen mit 'n Schneider-Ausspotten, das heißt nix.

KATHI. Nehmen S' ihn nur, Herr Vetter – was er nicht kann, wird er schon noch lernen.

LIPS. Freilich, bedenken S' nur meine Jugend!

KRAUTKOPF. Na, meinetwegen, probieren will ich's mit Ihm, Er kann gleich beim Dreschen mithelfen, das wird Er doch können?

LIPS. Lassen S' a Fruhstuck bringen, nach dem Sprichwort: »Der isst wie ein Drescher« werd ich Ihnen gleich zeigen, dass ich als solcher zu großen Erwartungen berechtige.

KRAUTKOPF. Bei mir wird zuerst gearbeit't und nachher gegessen.

Vierte Szene

Drei Knechte; die Vorigen. – Die drei Knechte treten zur Türe links herein.

KRAUTKOPF. Na, seids einmal da? G'schwind dazu g'schaut, sonst bring ich euch um!
(Die Knechte sind zur Tenne gegangen und fangen zu dreschen an.)

KRAUTKOPF *(zu Lips, welcher zögert).* Is's Ihm g'fällig –?

LIPS. Na, ich glaub's, das is ja sehr eine angenehme Beschäftigung. *(Geht zur Tenne und nimmt einen Dreschflegel zur Hand.)*

KATHI *(ängstlich für sich).* Wenn er's nur trifft, wie sich's g'hört!

KRAUTKOPF *(zu Lips).* Aber, Mensch, was treibt Er denn? Er nimmt ja den Flegel verkehrt.

LIPS. Das derf man ja nur sagen, die größten Künstler haben schon manches vergriffen. *(Wendet den Dreschflegel um und drischt mit den Übrigen, ohne sich in den taktmäßigen Schlag dieser Arbeit finden zu können.)*

KRAUTKOPF *(zu Kathi).* Du, mir scheint, mit dem wird's es nicht tun. *(Zu Lips.)* Nicht einmal g'schwind, einmal langsam! Das muss nach 'n Takt gehn.

LIPS *(indem er drischt, zu Krautkopf).* Die sollen mir nachgeben! Schreiben Sie ihnen ein colla parte vor! *(Trifft den einen Knecht mit dem Dreschflegel auf den Kopf.)*

ERSTER KNECHT *(schreit).* Ah! Der haut uns auf d' Köpf –

ZWEITER *und* DRITTER KNECHT. Zum Teufel hinein!

KRAUTKOPF *(ärgerlich zu Lips).* Aber Er haut ja die Leut auf die Köpf, was is denn das?

LIPS *(nach vorne kommend).* Ich hab halt in Gedanken leers Stroh gedroschen, das hab'n schon gar viele getan.

ERSTER KNECHT *(zu Krautkopf).* Der kann ja nicht dreschen. Schick ihn der Herr Krautkopf lieber aufs Feld zum Aufladen hinaus.

KRAUTKOPF. Was? Is noch nicht alles hereing'führt?

ERSTER KNECHT. Freilich nit!

KRAUTKOPF. Nit? Ich muss euch umbringen. Laufts nur gleich aufs Feld und helfts z'samm', dass noch alles hereinkommt vor 'n Regen.

DIE DREI KNECHTE. Schon recht, gleich! *(Gehen durch die Türe Seite links ab.)*

KRAUTKOPF. Auf was ich alles z' denken – halt, das darf ich nit vergessen. – *(Lips, welcher den Übrigen folgen will, nachrufend.)* He – hört Er nicht –? Dummkopf!

LIPS *(sich umwendend).* Was schaffen S'?

KRAUTKOPF. Wenigstens versteht Er's doch gleich, wenn man Ihn bei Sein' Nam' nennt.

LIPS. Eigentlich heiß ich Steffel.

KRAUTKOPF. Er geht jetzt an der Stell zum Herrn Justitiarius.

LIPS *(erschrocken).* Zu was für einen Arius?

KRAUTKOPF. Zum Justitiarius, mach Er die Ohren auf!

LIPS *(für sich)*. Das Wort »Justiz« verursacht mir so ein halswehartiges Gruseln –

KRAUTKOPF. Und sag Er, ich lass fragen, ob die Herren schon da sein und bis wann er mit ihnen herkommen wird.

LIPS *(stutzend)*. Was denn für Herrn?

KRAUTKOPF. Geht Ihn das was an? Tu Er, was man Ihm schafft. *(Zu Kathi.)* Kathi! Führ ihn bis ans Eck, da kannst ihm von weitem 's Amtshaus zeigen.

LIPS *(für sich)*. Wenn s' mich erkenneten auf 'n Amt! *(Zu Krautkopf.)* Aber was es in Ihrem Stadl für einen Zug hat, *(nimmt ein Schnupftuch hervor)* die Türen, scheint mir, schließen so schlecht! *(Bindet sich mit dem Schnupftuche das Gesicht ein.)*

KRAUTKOPF. Was wären denn das für Heiklichkeiten –?

LIPS. Ich hab's Reißen – mein rechter Weisheitszahn is in einem elendigen Zustand. *(Zu Kathi.)* So, Kathi, jetzt gehn wir zum Justitiarius. *(Geht mit Kathi Seite links ab.)*

Fünfte Szene

Krautkopf; dann Gluthammer.

KRAUTKOPF *(allein)*. So ein Knecht is mir noch nicht vorgekommen. Das muss mir auch noch g'schehn, wo ich ohnedem – au weh, mein Kopf!

GLUTHAMMER *(steckt aus dem Getreideschober nur den Kopf heraus)*. Krautkopf!

KRAUTKOPF *(sich umwendend und Gluthammers Gesicht erblickend)*. Was is das für ein Kopf –!?

GLUTHAMMER *(sich aus den Getreidegarben herauswühlend)*. Der meinige –!

KRAUTKOPF *(staunend)*. Gluthammer –!?

GLUTHAMMER. Ein Kopf, den 's Gericht gleich beim Kopf nehmen wird – Brüderl, versteck mich! *(Sinkt an Krautkopfs Brust.)*

KRAUTKOPF. Ich hab glaubt, du bist ersoffen!

GLUTHAMMER. Nicht ich, der Herr von Lips.

KRAUTKOPF. Ich hab glaubt, alle zwei.

GLUTHAMMER. 's Gericht weiß das besser, man forscht mir nach – in jedem Dorf hab ich einen Wachter g'sehn. *(Aufschreiend.)* Ha, sie kommen – Rettung –! Verschluf –!

KRAUTKOPF *(erschrocken)*. Wer –? Wo –? Es is ja nix!

GLUTHAMMER *(sich erholend)*. Nein, es is nix – mir war nur so –

KRAUTKOPF. Ich bin erschrocken, dass ich keinen Tropfen Blut gäbet.

GLUTHAMMER. So erschreck ich schon seit acht Täg! – Wie ich herausg'schwommen bin, bin ich ins Gebüsch gekrochen, die Lipsische Dienerschaft is an mir vorbei mit den Worten: »Er is tot, er is tot!« – Seitdem is das ganze Land mit Wachtern übersät – man forscht – man spürt – ich glaub sogar, das Unglaublichste is geschehn –

KRAUTKOPF. Was denn?

GLUTHAMMER. Man hat einen Preis auf meinen Kopf gesetzt.

KRAUTKOPF. Ah, 's Gericht wirft 's Geld nicht so hinaus. Aus welchem Grund sollten sie denn glauben, dass du mit Vorsatz –

GLUTHAMMER. Ich bin Schlosser, ich muss verstehn, was ein unangenageltes Geländer is. *(Aufschreiend.)* Ha – da sind sie –! Stricke – Ketten! Zurück! Zurück! *(Umfasst Krautkopf krampfhaft.)*

KRAUTKOPF *(erschrocken).* Wer –? Wo –?

GLUTHAMMER *(sich erholend).* Es is nix – mir war nur so –

KRAUTKOPF. Ich krieg völlig 's Herzklopfen – hörst, wenn du mich nochmal so erschreckst –

GLUTHAMMER. Brüderl, du hast keinen Begriff, was das is, wenn man nix als Wachter in Kopf hat.

KRAUTKOPF. Wo hast dich denn aufgehalten, was hast denn g'macht in die acht Täg?

GLUTHAMMER *(seufzend).* Ich hab ein sehr freies Leben geführt, aber ganz ohne Wonne, der Wald war mein Nachtquartier, der Mond war meine Sonne – *(heftig zusammenfahrend)* ha –!!

KRAUTKOPF *(ebenfalls zusammenfahrend).* Was?

GLUTHAMMER *(aufatmend).* Nix! – Gestern Abend bin ich in diese Gegend kommen, du warst nicht z' Haus, so hab ich mich da in deinem Stadl ins Getreid verkrochen, bin eing'schlafen, mir hat von nix als Gericht geträumt, man hat mich verhört, man hat die Bank bringen lassen – da hat mich 's Dreschen aufg'weckt.

KRAUTKOPF. Und was soll denn jetzt g'schehn?

GLUTHAMMER. Brüderl, versteck mich!

KRAUTKOPF *(ängstlich).* Wenn aber –

GLUTHAMMER. Und wenn's dein Tod wär, du bist mein Freund, du musst mich verstecken!

KRAUTKOPF. Wenn ich nur wüsst, wo – ich muss erst derweil – übermorgen wird gebacken – ich versteck dich in die Backstub'n. Komm!

GLUTHAMMER. Gut, schieb mich in Backofen hinein! Wenn s' ihn auch heizen, ich rühr mich nit. Alles eher, nur kein Gericht, nur kein – *(heftig aufschreiend)* ah!! Ha, dort – Schergen – Hochgericht – Rad!! *(Klammert sich in großer Angst an Krautkopf.)*

KRAUTKOPF *(sich von ihm losmachend).* Du bist ja narrisch. Wie kommt denn auf mein' Traidboden a Hochgericht –?

GLUTHAMMER *(vergeblich bemüht, sich zu sammeln).* Siehst es, diese Anwandlungen wandeln immer mit mir auf der Flucht. – Die Knie schnappen z'samm', *(matt)* ich schnapp auf –! *(Sinkt.)*

KRAUTKOPF *(ihn im Zusammensinken auffangend).* So wart nur, bis wir in der Backstuben sind.

GLUTHAMMER *(sehr matt).* Schlepp mich, Brüderl – du bist mein Freund – du musst mich schleppen.

KRAUTKOPF *(indem er mühsam Gluthammer in die Seitentüre rechts hineinzieht).* Das is a gute Kommission – ich weiß mich nicht aus – au weh, mein Kopf!

(Beide Seite rechts ab; es wird nicht abgeräumt, Tisch und Stühle bleiben in der Verwandlung stehen, die Seitentüren bleiben in der Verwandlung ebenfalls stehen. Verwandlung fällt vor. Die Bühne stellt eine Stube in Krautkopfs Pachthof vor. Mitteltüre, Seitentüren, Tisch und Stühle von früher. Rechts changiert ein Kasten heraus, links im Hintergrunde ein Bett, welches mit Vorhängen ganz geschlossen ist, im Kasten ist eine große Flasche Wein, ein kälberner Schlegel, eine Laterne, Feuerzeug und Brot.)

Sechste Szene

Kathi allein. – Aus Mitteltüre kommend, bringt Milch und Brot.

KATHI. Da hab ich ihm sein Frühstück gericht't, so gut als wir's halt haben aufn Land. *(Stellt das Mitgebrachte in einen Schrank rechts.)* Jetzt muss ich nur g'schwind hier, weil der Vetter Krautkopf g'schafft hat – mir geht alles so g'schwind von der Hand, ich leb neu auf, weil mein Herr Göd nicht mehr tot is. Wenn ich ihm nur –

Siebente Szene

Krautkopf; die Vorige.

KRAUTKOPF *(aus der Seitentüre links kommend und in dieselbe zurücksprechend).* Bleib nur ruhig, ich werd dir gleich – *(bemerkt Kathi)* was machst denn du da?

KATHI. Ich mach Ordnung.

KRAUTKOPF. Ich brauch keine Ordnung. Hinaus, geh dem neuen Knecht entgegen, schau, wo er bleibt.

KATHI *(halb für sich).* Oh, das lass ich mir nicht zweimal sagen. *(Geht zur Mitteltüre ab.)*

Achte Szene

Krautkopf; dann Gluthammer inner der Szene.

KRAUTKOPF *(allein, indem er zu einem Schranke rechts geht).* Das is a Verlegenheit mit dem Gluthammer! Wenn er nur nicht mein Freund wär, ich werfet ihn für mein Leb'n gern hinaus, aber –

GLUTHAMMER *(von innen links).* Was z' essen, Freund! Was z' essen!

KRAUTKOPF. Gleich, Brüderl, gleich! *(Hat aus dem Schranke eine Schüssel mit den Überresten eines Kalbsschlegels und ein Stück Brot genommen und eilt damit in die Seitentüre links ab, spricht dann inner der Szene).* So, da stopf dir 's Maul! *(Aus der Türe herauskommend und noch zurücksprechend.)* Und verhalt dich still, bis ich wiederkomm. *(Macht die Türe zu. Ängstlich, für sich.)* Wann das verraten wurd, dass ich mich untersteh und einen Unterstandgeber mach –

GLUTHAMMER *(von innen).* Was z' trinken, Brüderl! Was z' trinken!

KRAUTKOPF. Gleich, Freund, gleich! Schrei nur nicht so! *(Eilt zum Schranke rechts, wie früher, und nimmt eine große Flasche Wein heraus.)* Macht der a Spektakel, als wenn er schon verdursten müsst! *(Eilt in die Seitentüre links ab, spricht inner der Szene.)* Jetzt iss und trink und gib mir einmal ein' Ruh! *(Tritt wieder aus der Türe, in welche er noch zurückspricht.)* Meine Leute merken's ja sonst. *(Macht die Türe zu.)* Das is ein Kerl, mein Freund, so eine Einquartierung hat mir noch g'fehlt! – Was hab ich denn jetzt –? Ich werd ganz konfus.

GLUTHAMMER *(von innen).* Brüderl, ein Polster! Bring mir ein Polster!

KRAUTKOPF *(die Hände zusammenschlagend).* Nein, was der alles braucht –! Gleich! *(Eilt zu seinem im Hintergrunde links stehenden Bette.)* Es is zum Fraiskriegen –! *(Nimmt ein Polster.)* Kann der nicht so auf der Ofenbank liegen? *(Eilt in die Seitentüre links ab, spricht inner der Szene.)* Da hast, mach dich kommod! Wennst jetzt aber noch einen Mucker machst, *(tritt wieder aus der Türe)* meiner Seel, ich geh aufs Gericht und geb dich an. – *(Schließt die Türe ab.)* Ich glaub, wenn s' in einem Haus Drilling kriegen, es is kein solches Spektakel. – Ich weiß wirklich nicht – au weh, mein Kopf! *(Geht zur Seitentüre rechts ab.)*

Neunte Szene

Lips und Kathi.

KATHI *(mit Lips durch die Mitte eintretend).* Ich kann mir's denken, dass Euer Gnaden müd sind; wer g'wohnt is, in Equipagen z' fahrn und nur auf Teppich' zu gehn –

LIPS. Wenn ich nur die Dichter, die die Wiesen einen Blumenteppich, die den Rasen rasenderweise ein schwellendes grünes Sammetkissen nennen – wenn ich nur die a drei Stund' lang barfuß herumjagen könnt in der so vielfältig und zugleich so einfältig angeverselten Landnatur – ich gebet was drum.

KATHI *(Milch und Brot aus dem Schrank rechts bringend und auf den Tisch rechts setzend).* Umso besser, hoff ich, wird Ihnen 's Fruhstuck schmecken.

LIPS. Was servierst du mir denn da?

KATHI. Brot und Milch.

LIPS. Kipfeln habts ihr nicht?

KATHI. Das is unser schönstes Brot.

LIPS. Und euer einziger Kaffee besteht in Milich? Wenigstens hat man keine Wallungen zu riskieren. Frische Beeren und kristallhelles Quellwasser ging' jetzt noch ab.

KATHI. Ich wär glücklich, wenn ich Euer Gnaden alle Leckerbissen der Erde vorsetzen könnt, aber –

LIPS. Du liebe Kathi, du bist so eine liebe Kathi, dass mir dieses Fruhstuck, von deiner Hand gereicht, zum allerleckersten Leckerbissen wird.

KATHI. Nein, nein, das Leben hier muss Ihnen schrecklich sein.

LIPS. Na, so viel merk ich wohl, dass 's mir früher zu gut gangen is und dass nur diese Einförmigkeit des b'ständigen Gutgehens die Sehnsucht nach besonderer Gemütsaufregung in mir erzeugt hat. Jetzt geht's aber schon acht Tag so, und acht Tag Aufregung wäre genug Aufregerei; und jetzt hab ich erst noch eine ganze aufgeregte Zukunft zu erwarten. Und dann is noch was – noch was –

KATHI *(teilnehmend)*. Was denn? Sag'n S' mir alles, Herr Göd!

LIPS. O du liebe Kathi, du kommst mir allweil lieber vor! *(Will sie ans Herz drücken.)*

KATHI. Aber, Göd –

LIPS. Gleich a Milich drauf, das kühlt. *(Frühstückt gierig und spricht währenddem weiter.)* Was mir außerdem is, das kannst du gar nicht beurteilen. Nicht wahr, du hast noch niemanden umgebracht?

KATHI. Was fallt Ihnen nicht noch ein!

LIPS. Na, wenn sich zum Beispiel einer aus Lieb zu dir was angetan hätt, wärst du seine indirekte Mörderin, Todgeberin par distance.

KATHI. Gott sei Dank, so eine grimmige Schönheit bin ich nicht.

LIPS. O Kathi! Du weißt gar nicht, was du für eine liebe Kathi bist! *(Umfasst sie.)*

KATHI *(sich losmachend)*. Oh, gehn S' doch –

LIPS. Gleich wieder a Milich drauf! *(Trinkt.)* So, jetzt bin ich wieder ein braves Bubi. – Dass ich dir also sag, ich hab Visionen.

KATHI. Die Krankheit kennen wir nicht auf 'n Land.

LIPS. Das sind Phantasiegespinste, in den Hohlgängen des Gehirns erzeugt, die manchmal heraustreten aus uns, sich krampusartig aufstellen auf dem Niklomarkt der Einsamkeit – erloschne Augen rollen, leblose Zähne fletschen und mit drohender Knochenhand aufreiben zu modrigen Grabesohrfeigen, das is Vision.

KATHI. Nein, was die Stadtleut für Zuständ haben –

LIPS. Wenn's finster wird, seh ich weiße Gestalten –

KATHI. Wie is das möglich? Bei der Nacht sind ja alle Küh schwarz.

LIPS. Und 's is eigentlich eine Ochserei von mir, hab ich ihn denn absichtlich ertränkt? Nein! Und doch allweil der schneeweiße Schlossergeist! – Du machst dir keine Vorstellung, wie schauerlich ein weißer Schlosser is.

KATHI. So was müssen S' Ihnen aus 'n Sinn schlagen.

LIPS. Selbst diese Milch erinnert mich – wenn s' nur a bisserl kaffeebraun wär – aber weiß is mein Abscheu. *(Stoßt die Milchschüssel von sich, dass einiges davon auf den Tisch herausläuft.)*

Zehnte Szene

Krautkopf; die Vorigen.

KRAUTKOPF *(welcher bei den letzten Worten aus der Seitentüre rechts getreten ist, mit einem Schreibzeug in der Hand).* Der pritschelt ja mein' ganzen Tisch an, was wär denn das für a Art?

LIPS. Ich hab g'frühstückt.

KRAUTKOPF. Das tun die Knecht bei mir in Vorhaus. *(Zu Kathi.)* Ich glaub, du bist b'sessen, dass du den Purschen da herein –

KATHI. Weil er Zahnweh hat.

KRAUTKOPF. Na ja, wickel ihn lieber gar in Baumwoll ein, den lieb'n Narrn.

KATHI *(den Tisch abwischend).* Wird gleich wieder alles sauber sein.

KRAUTKOPF. Weiter mit der Milchschüssel, da g'hört 's Tintenzeug her. *(Stellt das mitgebrachte Schreibzeug auf den Tisch.)*

LIPS. Der Herr Justitiarius lasst sagen, die Herren sind schon da, und er wird gleich kommen mit ihnen.

KRAUTKOPF. So? Komm, Kathi, wir gehn ihnen entgegen.

KATHI. Wem denn?

KRAUTKOPF. Den lachenden Erben des seligen Herrn von Lips.

LIPS *(erschrocken aufschreiend).* Des seligen –!?

KRAUTKOPF. Na, was is? Was schreit Er denn?

LIPS. Der Lipsische Tod geht mir so z' Herzen, 's war so ein lieber, scharmanter Mann.

KATHI. Ein herzensguter, vortrefflicher Herr!

LIPS. 's is ewig schad –

KRAUTKOPF. Warum nit gar! Jetzt is halt um ein' Narrn weniger auf der Welt – den Schaden kann die Welt verschmerzen.

LIPS. Erlaub'n S' mir, er war –

KRAUTKOPF. Halt Er 's Maul, ich weiß's besser, was er war, er war ein Verruckter –

LIPS. Er war ein Zerrissener –

KRAUTKOPF. Nit wahr is's! Er war ein *ganzer* Dalk, darüber is nur *eine* Stimm. Komm, Kathi – und Er *(zu Lips)* bleibt da zur Bedienung bei der Amtshandlung, wann die Herren was schaffen. *(Geht mit Kathi zur Mitteltüre ab.)*

Elfte Szene

Lips allein.

LIPS. Der red't recht hübsch über mich, ich muss das alles anhören und tun dabei, als ob ich's gar nit wär! Da braucht man schon eine Portion Verstellung. Übrigens is es nicht gar so arg; mein Trost is, es gibt Situationen, wo die Verstellung eine noch weit schwierigere Aufgabe ist –

Lied

1.

's betrügt ein' die Frau, 's wird ein' g'steckt von die Leut.
»Ha, Elende, jetzt mach zum Tod dich bereit!«
So möcht man ihr donnern ins Ohr in der Hitz
Und ihr antun zehn Gattungen Tod auf ein' Sitz.

Doch halt – lieber nachspionieren ohne G'säus,
Sonst lacht s' ein' noch aus, sagt, man hat kein' Beweis.
Jetzt kommt s' auf'putzt ins Zimmer. »Ich geh
in d' Visit,
's hat a Freundin mich eing'lad'n!« – »No ja; warum nit!
A Busserl, mein Herz, unterhalte dich nur!«
[: Sich so zu verstell'n, na, da g'hört was dazur. :]

2.
Man red't mit ein' Herrn, der kann nutzen und schad'n,
Mit dem sich z' verfeinden, das möcht ich kein' rat'n,
Sein Benehmen is stolz, was er spricht, das is dumm,
Den ein' Esel zu heißen, man gäbet was drum! –
Doch halt – für den Esel müsst teuer man büßen,
Lieber legt man sich ihm untertänig zu Füßen:
»Euer Gnaden, Dero Weisheit und hoher Verstand
Geht mit Hochdero Edelsinn stets Hand in Hand,
Euer Gnad'n strahl'n als Musterbild uns allen vur!«
[: Sich so zu verstell'n, na, da g'hört was dazur. :]

3.
Ein Herr, der macht Musik, blast fleißig Fagott,
Seine Frau, die macht Vers, man möcht krieg'n d'
Schwer'not,
Der Sohn patzt in Öl. – »Leut, wo habts euer Hirn?«
Möcht man ihnen gern sag'n, »ös tuts euch nur
blamiern!«
Doch halt – man is ja in die Tochter verliebt,
Und die kriegt a drei Häuser, wann 's Elternpaar stirbt,
Jetzt muss man dem Alten sein' Blaserei lob'n,
Der Frau sag'n: »Sie stehen auf dem Parnass ganz ob'n«,

Dem Lackel: »Sie sein ein' Correggio-Natur« –
[: Sich so zu verstell'n, na, da g'hört was dazur. :]

4.
Man liebt eine Schwärmerin, jausent bei ihr,
Sie bringt ein' a Mili, und im Leib hat man Bier,
Dann kommt s' noch mit Erdbeern, die sie selber tut pflücken,
Man möcht ihr gern sag'n: »Kind, da krieg i ja 's Zwicken!«
Doch halt – das zerstöret die Illusion,
Der Schwärmerin z' lieb muss man essen davon –
Und ausrufen während dem Schmerzenverbeißen:
»Ach, sieh dort die Taube, die Lämmer, die weißen,
O wie reizend der Abend auf der blumigen Flur!«
[: Sich so zu verstell'n, na, da g'hört was dazur. :]

5.
Ein' dramatischen Künstler wird mitg'spielt oft übel,
Und dann hat man Täg, wo man b'sonders sensibel,
Man feind't d' ganze Welt an, sich selber am meisten,
Nein, in dieser Stimmung, da kann ich nichts leisten –
Doch halt – glaubst denn, Dalk, dass das wen intressiert,
Ob ein Unrecht dich kränkt oder sonst was tuschiert?
's is simi, 's wird auf'zog'n, jetzt renn auf die Szen!
(Im Thaddädl-Ton.) »O jegerl, mein' Trudl, die is gar so schön,
Und i g'fall ihr, ich bin ein kreuzlustiger Bur!«
[: Sich so zu verstell'n, na, da g'hört was dazur. :]
(Seite rechts ab.)

Zwölfte Szene

Stifler, Sporner, Wixer, Justitiarius, Krautkopf, Kathi; dann Lips (kommen zur Mitteltüre herein).

KRAUTKOPF *(im Eintreten zu den Herren).* Bitte untertänigst, meine niedrige Wohnung zu beehren.

STIFLER. Wir werden Sie nicht lange inkommodieren.

JUSTITIARIUS. Nach nunmehro gepflogener Besichtigung des Schlosses wolle es den verehrlichen pleno titulo Herren Erben des verewigten Herrn von Lips beliebsam sein, zur Beaugenscheinigung der Pachthöfe zu schreiten.

KRAUTKOPF. He, Steffel.

LIPS *(das Gesicht mit dem Schnupftuch verbunden, aus der Seite rechts kommend, mit verstellter Stimme).* Was schaffen S'?

KRAUTKOPF. Den Tisch in d' Mitte und noch a paar Sesseln herg'stellt!

(Lips stellt die Stühle und den Tisch mit Hilfe des Krautkopf und der Kathi in die Mitte.)

WIXER. Auf Ehr, so a Gut is nit übel.

SPORNER. Goddam!

JUSTITIARIUS. Pächter Krautkopf, Ihr könnt den morgen fälligen Pachtzins sogleich an die laut hier in Händen habenden Testamenti *(zieht eine Schrift hervor)* neuen Gutsherren Stifler, Sporner und Wixer pleno titulo erlegen. Lest hier den Paragraphum primum! *(Zeigt Krautkopf das Testament und legt es auf den Tisch.)*

WIXER *(zu Stifler und Sporner, ohne den ganz nahe stehenden Lips zu beachten).* Ich bin nit bös drüber, dass der Lips ersoffen is.

STIFLER. Ich auch nicht, bei Gott!

SPORNER. Sein Spleen war unerträglich.

STIFLER. Die passendste Grabschrift für ihn wäre: »Er war zu dumm für diese Welt.«

WIXER. 's is eigentlich a Schand für uns, dass wir so einen Freund g'habt haben.

LIPS *(erstaunend, für sich)*. Meine Ohren kriegen den Starrkrampf.

KATHI *(für sich)*. Sind das auch Menschen –! *(Leise zu Lips.)* Und denen haben Sie Ihr Vermögen vermacht?

LIPS *(leise zu Kathi)*. Alles; 's war an dem Tag, wie ich mich hab erschießen woll'n.

KRAUTKOPF *(zu Lips)*. Nimm Er doch 's Tüchel vom G'sicht!

LIPS *(zu Krautkopf)*. Ich kann nicht, mein Weisheitszahn zeigt sich immer miserabliger.

STIFLER. Also vorwärts! Sehen wir uns alles an! *(Will die Seitentüre links öffnen und findet selbe verschlossen.)* Oho –

KRAUTKOPF *(verlegen)*. Ich werd gleich den Schlüssel – wo hab ich ihn denn nur hing'legt –? Wollten die gnädigen Herren indessen die Wirtschaftslokalitäten besehn? Kathi, führ die Herren!

STIFLER. Ja, ja, schönes Kind, führ uns herum!

JUSTITIARIUS. Wenn es den verehrlichen pleno titulo –

LIPS *(für sich)*. Halunken!

JUSTITIARIUS. Gefällig ist –

WIXER. Gut, schaun wir die Lokalitäten an!

(Stifler, Sporner, Wixer, Justitiarius und Kathi gehen zur Mitteltüre ab.)

KRAUTKOPF *(nachrufend)*. Ich werd die untertänige Ehre

haben, nachzufolgen! – *(Zu Lips.)* Was hat Er da Maulaffen feil?

LIPS *(zögernd).* Ich hab nur –

KRAUTKOPF. Marsch, begleit Er die Herren!

(Lips geht zur Mitteltüre ab.)

KRAUTKOPF *(allein).* Wo steck ich jetzt den Freund Gluthammer hin –? *(Indem er die Seitentüre links aufschließt.)* Wenn ich nochmal auf d' Welt komm – alles – nur keinen Freund! *(Geht zur Seitentüre links ab.)*

Dreizehnte Szene

Lips allein, zur Mitteltüre vorsichtig eintretend.

LIPS. Herr Krautkopf! Er is nicht da! G'scheit! Also so betrauern die Erben einen Dahingeschiedenen? Den möcht ich sehen, dem da nicht der Gusto zum Sterben vergeht! – Ha – der Gedanke is Gold wert! – *(Er setzt sich an den Tisch und schreibt auf der anderen Seite des daselbst liegengebliebenen Testamentes.)* Über den Artikel sollt ihr euch wundern! Wart'ts, meine guten Freund, weil ihr gar so gute Freund seids – muss ich euch eine kleine Überraschung machen. – So, den 19. Juni – am 20. bin ich ins Wasser g'fall'n, am 19. war ich noch Mann und Bürger. Punktum, aber keinen Streusand drauf! *(Er steht auf.)* Jetzt is mir um einige Zenten leichter ums Herz! *(Eilt durch die Mitteltüre ab.)*

Vierzehnte Szene

Krautkopf, Gluthammer.

KRAUTKOPF *(aus der Seitentüre links tretend und in dieselbe zurücksprechend).* Wart nur, ich mach dir ein Licht. *(Indem er eine auf dem Schranke stehende Laterne und Feuerzeug nimmt und Licht macht.)* Ich werd den Augenblick –

GLUTHAMMER *(Weinflasche und Schüssel in der Hand, das Polster unter dem Arm, kommt aus der Seitentüre links).* Aber du, Brüderl –

KRAUTKOPF. Was bleibst denn nicht drin, wir müssen ja bei der drinnigen Türe hinaus in Stadl.

GLUTHAMMER. Du musst nit etwan glauben, dass ich den ganzen Tag auskomm mit dem Lackerl Wein und dem bisserl Schlegel.

KRAUTKOPF. Wirst schon mehr krieg'n, fürcht dich nit!

GLUTHAMMER. Für einen Freund is nix zu viel.

KRAUTKOPF. Merk auf jetzt, in mein' Getreid'stadl, wo ich dich g'funden hab, sind drei Falltüren; 's is alles eins, in welche du hinuntersteigst, denn die Türen von einem Keller in andern sind offen.

GLUTHAMMER. Brüderl, das treff ich nicht, du musst mich begleiten.

KRAUTKOPF *(ärgerlich).* Ich soll ja aber – hörst, mit dir hab ich viel Keierei!

GLUTHAMMER. Was man für einen Freund tut, darf einem nie schwer ankommen. Und in deinem Keller wird's weiter keine Kälte haben! Du, ich nehm mir noch was mit. *(Geht zu Krautkopfs Bett, nimmt Bettdecke, Schlafhaube und die noch übrigen zwei Pölster.)*

KRAUTKOPF *(wie oben).* Du nimmst mir ja mein ganz's Bett –!

GLUTHAMMER. Musst dich halt so behelfen.

KRAUTKOPF. Der Kerl raubt mich förmlich aus.

GLUTHAMMER. Für einen Freund derf ei'm 's Leben nicht z'viel sein.

KRAUTKOPF *(die Laterne, dann die Weinflasche und Schüssel, welche Gluthammer, als er die Betten nahm, auf den Tisch gesetzt, mitnehmend).* Jetzt schau, dass d' weiterkommst!

GLUTHAMMER *(im Abgehen).* Für so erhabene Gefühle hat halt mancher Mensch keinen Sinn! *(Mit Krautkopf zur Seitentüre links ab.)*

Fünfzehnte Szene

Stifler, Sporner, Wixer, Justitiarius, Lips treten zur Mitteltüre ein.

STIFLER *(mit seinen Freunden in Streit).* Ich werde der Erbschaft wegen nicht zum Bauer werden, ich verkaufe das Gut.

SPORNER. Und ich behalte es der Jagd wegen.

WIXER. Da hab ich, glaub ich, auch was dreinz'reden; Eigenmächtigkeiten leid ich nicht.

STIFLER. Die Stimmenmehrheit entscheidet.

SPORNER. Goddam!

WIXER. Ich werd euch gleich zeigen, dass meine Stimm die ausgiebigste is!

STIFLER. Du hast uns gar nichts zu zeigen, verstanden!

WIXER. Mir wird's jetzt gleich a paar Grobheiten herauslassen.

STIFLER. Du bist ein gemeiner Mensch!

JUSTITIARIUS. Erlauben die pleno titulo Herren Erben –

WIXER *(aufgebracht)*. Ei was –!

JUSTITIARIUS. Wir wollen sehen, ob nicht vielleicht ein Paragraphus testamenti die in Rede stehende Causam litis entscheidet.

WIXER. Mein'twegen, schaun S' nach, aber das sag ich gleich –

Sechzehnte Szene

Krautkopf; die Vorigen.

KRAUTKOPF *(zur Seite links eintretend)*. Ich hab schon den Schlüssel untertänigst gefunden.

JUSTITIARIUS *(hat im Testamente gelesen)*. Hm, sonderbar – diesen Articulum hab ich doch früher gar nicht bemerkt –

KRAUTKOPF *(zu den drei Herren)*. Wenn es den sämtlichen Euer Gnaden jetzt gefällig is –

JUSTITIARIUS *(kopfschüttelnd)*. Hm! Hm!

STIFLER. Was ist's, Herr Justitiarius?

WIXER. Was bedeutet der juridische Humser?

JUSTITIARIUS. Hier steht ja ein förmlicher Widerruf des Testamentes.

STIFLER, SPORNER, WIXER *und* KRAUTKOPF. Widerruf –!?

JUSTITIARIUS. Eigene Handschrift des Wohlseligen, unterzeichnet den neunzehnten Juni – alles richtig! *(Liest.)* »Da es möglich ist, dass ich morgen mein Grab in den Wellen finde, so erkläre ich hiemit obiges Testament für null und nichtig und ernenne zur Erbin meines sämtlichen Vermögens sowohl im Baren wie in Realitäten: meines Pächters Peter Krautkopf Nichte, Katharina Walter.«

KRAUTKOPF *(in größtem Staunen aufschreiend).* Die Kathi –!?

STIFLER, SPORNER, WIXER *(ebenso).* Was für eine Kathi –!??

KRAUTKOPF. Die Kathi –!!

(Allgemeine Gruppe des höchsten Erstaunens, Lips schleicht sich mit triumphierendem Lächeln nach dem Hintergrunde. Im Orchester fällt passende Musik ein.)

Der Vorhang fällt.

Dritter Akt

Dieselbe Stube wie am Ende des vorigen Aktes.

Erste Szene

Stifler. Sporner. Wixer. Justitiarius. Krautkopf. Lips im Hintergrunde. – Beim Aufrollen des Vorhangs sind alle in derselben Gruppe des Erstaunens wie am Ende des vorigen Aktes.

STIFLER, SPORNER, WIXER, KRAUTKOPF. Die Kathi –!!

SPORNER *(zum Justitiarius).* Und können wir da nicht prozessieren?

JUSTITIARIUS *(die Achsel zuckend).* Prozessieren wohl –

WIXER. Aber g'winnen tät am End nur der Advokat dabei.

JUSTITIARIUS. Der hier geschriebene Widerruf ist vollkommen rechtskräftig.
(Alle verlassen den Tisch.)

KRAUTKOPF. Und der Herr Justitiarius is der Mann, der's versteht. Meine Kathi erbt universal.

STIFLER *(für sich).* Das Mädchen is hübsch, jetzt sogar schön – wenn es mir gelänge –

SPORNER *(für sich).* Wenn ich sie zu meiner Lady machte –

WIXER *(für sich).* Wann ich mich ansetz, g'hört d' Kathi und 's ganze Gerstel mein.

KRAUTKOPF *(für sich).* Schon viele Vettern haben ihre Muhmen geheirat't.

JUSTITIARIUS *(für sich).* Ich Dummkopf musste gerade vergangenen Winter die dritte Frau nehmen!

KRAUTKOPF. Der Kathi muss ich aber vor allem ihr Glück verkünden.

LIPS *(im Hintergrunde für sich).* Jetzt, feines Gehör, lausch hinter dem groben Vorhang. *(Versteckt sich hinter Krautkopfs Bettvorhang.)*

KRAUTKOPF *(ist zur Seitentüre rechts gegangen und ruft hinein).* Kathi –!

Zweite Szene

Kathi; die Vorigen.

KATHI *(trägt einen Präsentierteller mit Weinflasche und Gläsern, tritt durch die Seitentüre rechts ein).* Da bin ich schon, Herr Vetter! *(Setzt das Mitgebrachte auf den Tisch.)*

STIFLER. Reizendes Wesen! SPORNER. Schöne Miss! WIXER. Engel von ein' Schatz!	*zugleich,in dem sie sich scherwenzelnd um Kathi drängen*

KRAUTKOPF. Meine liebe Kathi! –

KATHI *(auf den Wein zeigend).* Wann's den gnädigen Herrn beliebt –

STIFLER. Von deiner Hand kredenzt, muss jeder Trank zum süßen Nektar werden.

KATHI. Nektar? Da wachst keiner bei uns.

WIXER *(ihre Hand ergreifend).* Liebes Handerl das! *(Hält seine Hand zu der ihrigen.)* Was glaubst a so? Stund gar nit übel z'samm', das Paar Händ?

SPORNER *(sich ihr zärtlich nähernd).* Mistress Kitty –!

WIXER *(Sporner wegdrängend).* Du wirst gleich ein' Schupfer bis London krieg'n!

STIFLER *(zu Kathi)*. Die elegantesten jungen Leute werden sich bemühn – ich zum Beispiel – man sieht mir's nicht an: Ich bin fünfundvierzig! Die Vierzig sind das schönste Alter für den Ehemann.

KRAUTKOPF *(zu Kathi, kokettierend)*. Ich bin noch schöner in die Vierzig, ich bin siebenundvierzig.

KATHI *(halb für sich)*. Ich weiß gar nicht, was die Herrn alle woll'n? Sie schaun mich an mit ganz halbverdrehte Augen –

JUSTITIARIUS. Sie wünschen samt und sonders die reizende pleno titulo Universalerbin des seligen Herrn von Lips zu eh'lichen.

KATHI *(verwundert)*. Wer is Universalerbin?

KRAUTKOPF. Du, meine Kathi, du!

JUSTITIARIUS *(auf das in Händen haltende Testament zeigend)*. Unbestreitbare Heres ex asse, hier steht's geschrieben.

KATHI *(mit Entzücken)*. Seine Erbin –!? – Ich – ich bin seine Erbin – Gott, diese Freud –!!

KRAUTKOPF. Ich g'freu mich mit dir und will mich ewig mit dir g'freun, du mein Augapfel, du!

KATHI *(in freudigster Aufregung)*. Wo is denn der Steffel? – Ich muss mit 'n Steffel reden!

STIFLER, SPORNER, WIXER *(befremdet)*. Steffel –!?

KRAUTKOPF *(ärgerlich)*. Zu was mit 'n Steffel? Ich glaub gar –

KATHI. Wo is er? – Ich muss ihm's sagen!

KRAUTKOPF. Ich glaub gar – mir war schon früher so – du, ich wollt dir's nicht raten, in den Purschen verliebt zu sein.

STIFLER, SPORNER, WIXER. Wo ist der Steffel?

WIXER *(die Reitgerte schwingend).* Ich hab ein Hausmittel, ihm die Lieb z' vertreib'n.

KRAUTKOPF. Wo steckt denn der Kerl?

KATHI *(ängstlich, für sich).* Wenn s' über ihn herfallen, erkennen sie ihn, und er is verloren –

STIFLER, SPORNER, WIXER. Den Steffel aufgesucht! *(Wollen zur Mitteltüre links ab.)*

KATHI *(hat eine Idee erfasst).* Halt – halt, meine Herrn!!

STIFLER, SPORNER, WIXER *(umkehrend).* Was ist's, Kathi?

KATHI. Wer sagt Ihnen denn, dass ich in Steffel verliebt bin?

STIFLER. Du willst ihm ja so eilig dein Glück verkünden.

KATHI. Das hat ganz einen andern Grund! Muss man denn gleich in jeden Steffel verliebt sein, wenn man ihm was zu sagen hat?

STIFLER, SPORNER, WIXER. Also nicht –?

KRAUTKOPF. Steffelt sich nix in dein' Herzerl?

KATHI. Könnt mir nicht einfall'n. Is denn was Schöns an ihm?

STIFLER. Die tölpelhafte Haltung!

KATHI. Nicht wahr?

KRAUTKOPF. Das Kopfhinunterstecken!

KATHI. Keinen aufrichtigen Blick!

SPORNER. Ein Maul wie ein Bulldogg!

WIXER. Mir kommt er auch kralewatschet vor.

KATHI. Das hab ich alles auch bemerkt. Wie können Sie mir so einen Gusto zutraun?

STIFLER, SPORNER *(zugleich).* Verzeih, holdes Kind!

WIXER. Nur kein' Verschmach desstwegen!

KRAUTKOPF. Ich hab dir Unrecht getan.

KATHI *(beiseite).* Ich muss alles anwenden, dass sie mir nicht über den armen Herrn kommen. *(Laut.)* Um Ihnen einen Beweis zu geben, kündig ich Ihnen allerseits an, dass ich mir noch heut meinen Zukünftigen wähl.

STIFLER, SPORNER, WIXER. Scharmant! *(Jeder für sich.)* Ich bin der Glückliche.

KRAUTKOPF *(zu Kathi).* Könntest du undankbar sein für alle Wohltaten –?

KATHI *(mit Beziehung).* Undankbar –? Das soll mir kein Mensch nachsag'n.

KRAUTKOPF *(zärtlich).* Also hab ich Hoffnung?

KATHI *(für sich).* Der geniert mich am wenigsten und muss mir helfen, dass ich die andern los werd! – *(Laut und etwas kokett zu Krautkopf.)* Ich will noch nix verraten – aber – 's hat stark den Anschein – man kann nicht wissen, Herr Vetter, was g'schieht. *(Läuft zur Mitteltüre ab.)*

KRAUTKOPF *(sich vor Freude mit beiden Händen am Kopf fassend).* Glücklichster aller Krautköpf –!!

STIFLER, SPORNER, WIXER *(betroffen).* Was wär das? Wär nicht übel – Kathi! *(Eilen ihr nach, zur Mitteltüre ab.)*

JUSTITIARIUS *(für sich).* Bin neugierig, ob sie was ausrichten, die pleno titulo Herrn. *(Geht den Vorigen nach.)*

Dritte Szene

Krautkopf; dann Lips.

KRAUTKOPF *(allein).* Wenn die mir s' umstimmeten – ich lass 's Madl nicht mehr aus 'n Augen. *(Will mit großen Schritten zur Mitteltüre abeilen.)*

LIPS *(aus seinem Versteck hervorstürzend, hält Krautkopf am Rockschoß fest).* Halt! Nicht von der Stell!

KRAUTKOPF *(erschrocken aufschreiend)*. Ah! *(Steffel erkennend.)* Er is's!? Impertinenter Pursch, Er wird gleich was fangen.

LIPS *(durchaus in heftiger Aufregung)*. Ich hab schon was g'fangt, Sie kommen mir nicht mehr aus.

KRAUTKOPF. Kecker Knecht –!

LIPS. Wahnsinniger Herr!

KRAUTKOPF *(sich losmachen wollend)*. Er untersteht sich, sich zu vergreifen?

LIPS. Sie unterstehn sich, sich zu vereh'lichen?

KRAUTKOPF. Ich sag Ihm's in guten –

LIPS. Ich sag Ihnen's in bösen.

KRAUTKOPF. Er wagt es, zu drohen?

LIPS. Sie wagen es, zu lieben?

KRAUTKOPF. Geht das Ihn was an?

LIPS. Heiraten –? Greis, was ficht dich an?!

KRAUTKOPF. Was Greis? Ich bin ein rüstiger Mann in besten Jahren.

LIPS *(grimmig)*. Werden wir gleich sehn – gut für dich, wenn du rüstig bist! *(Streckt sich die Ärmel auf.)*

KRAUTKOPF *(ängstlich werdend, für sich)*. Er is aus Lieb rasend worden – ich muss andre Saiten aufziehn. – *(In freundlichem Tone, indem er die Türe zu gewinnen sucht.)* Aber, Steffel –!

LIPS *(ihm den Weg abschneidend)*. Wart, Pachter, deine Seel wird jetzt gleich ihren irdischen Pachthof verlassen.

KRAUTKOPF *(immer ängstlicher)*. Steffel – gewissenloser Steffel, du willst meine Altersschwäche missbrauchen –?

LIPS. Aha, jetzt is er auf einmal alt und schwach! Warum, du rüstiges Bräutigamml du in die besten Jahre! Das Jahr is dein schlechtestes, denn es enthalt't deinen Todestag!

KRAUTKOPF *(für sich).* Einem Narrn muss man nachgeben – *(laut, in sehr begütigendem Tone)* sag nur, Steffel, was d' willst?

LIPS *(gebieterisch).* Sie werden die Kathi nicht heiraten!

KRAUTKOPF *(sehr nachgiebig).* Mein'twegen, so heirat't s' ein andrer.

LIPS *(wie oben).* Die andern derfen s' auch nicht heiraten.

KRAUTKOPF. Weißt was? Wirf s' hinaus, die andern.

LIPS. Das is Ihr Geschäft, Sie sind Herr im Haus, drum befehl ich Ihnen –

KRAUTKOPF. Ich sag den Herrn, du lasst sie hinauswerfen.

LIPS. Auf meine Verantwortung!

KRAUTKOPF. Siehst, ich tu dir ja alles z'lieb'. *(Für sich.)* Der soll sich g'freun! *(Laut.)* Adieu! *(Geht zur Mitteltüre ab.)*

LIPS *(barsch).* Adieu! *(Für sich.)* Imponieren muss man dem Bauernvolk –

KRAUTKOPF *(den Kopf zur Türe hereinsteckend).* Schaffst vielleicht sonst noch was? Derfst es nur sagen!

LIPS *(sehr barsch).* Nein, sonst nix!

KRAUTKOPF *(den Hohn durchblicken lassend).* Siehst, Sterferl, ich bin ganz zu dein' Willen. *(Zieht den Kopf zurück.)*

Vierte Szene

Lips allein.

LIPS. Ich glaub, der halt't mich für ein Narrn –? Egal; weit g'fehlt hat er auf kein' Fall, in meiner Lag wär's G'scheitbleib'n ein Mirakel. Ich hab zu viel Malheur mit meine Erben – so red't die Kathi über mich in dem Augenblick, wo ich ihr Allesvermacher bin? Tölpel, kralewatschet, Bulldogg – diese Bemerkungen hat sie auch gemacht, 's is zu arg! Meiner Seel, wenn ich nochmal stirb, so vermach ich alles dem Taubstummeninstitut, diese Erben können mir doch nix nachreden. Ja, solche Leut wie die Kathi und meine Erben muss 's auch geben; es muss a Unterschied sein unter d' Menschen, das lasst sich die Welt nicht streitig machen; es is ja eine ihrer famosesten Eigenschaften, dass allerhand Leut herumgehen auf ihr.

Lied

1.

Zwei hab'n miteinander gehabt einen Streit
Und hassen sich bitter seit dieser Zeit,
's red't keiner, 's schimpft keiner, doch lest man den Pick
Nach zwanzig Jahrn noch ganz frisch in die
giftigen Blick'! –
Zwei andere, die schimpfen sich Spitzbub, Filou,
Betrüger und Lump, Gott weiß, was noch dazu,
Jetzt zahlt ein Vermittler a Champagnerboutelli,
Beim zweiten Glas lächeln die Todfeind schon seli,
Beim dritten schluchzt jeder: »Freund, ich hab g'fehlt!« –
So gibt es halt allerhand Leut auf der Welt.

2.

's hat einer von d' Güter sechstausend Guld'n Renten
Und extra ein Pack Metallique noch in Händen,
Er zahlt alls komptant, und doch sagt er zum Schneider:
»Hab'n S' die Güte, bis morgen machen S' mir den
Rock weiter!«

Ein andrer, der grad aus 'n Schuldenarrest kummt,
Macht Spektakl im Gasthaus, dass alles verstummt,
Er wirft jedem Kellner die Teller an 'n Kopf,
Er beutelt den Schusterbub'n jedes Mal den Schopf,
Und doch sieht der Wirt und der Schuster kein Geld! –
So gibt es halt allerhand Leut auf der Welt.

3.
Ein Herr, der sieb'n Sprachen hat gründlich studiert,
Der Französisch als wie Deutsch sowohl schreibt
als parliert,
Der setzt sich hinein ins französische Theater,
Sein Lächeln ist still und sein Beifall ein stader. –
Ein andrer, der, wenn er nit Deutsch zur Not kunnt,
Sich rein müsst verleg'n drauf, zu bell'n wie a Hund,
Der tut, wie die Leut über einen französischen
Spaß lachen,
Der für ihn spanisch is, gleich einen Mordplärrer
machen,
Schreit: »Très-bien!« und: »Charmant!«, wie von
Wohlg'fall'n beseelt! –
So gibt es halt allerhand Leut auf der Welt.

4.
's geht einer um neune aus 'n Wirtshaus. »Schau, schau,
Der traut sich nit, daz'bleib'n«, sag'n d' Freund', »wegen
der Frau!« –
»Der Frau zulieb g'schieht's allerdings«, antwortet er,
Trotzdem aber weiß man, er is z' Haus der Herr. –
Ein andrer, der haut mit der Faust auf 'n Tisch:
»Wie die Meine an Mukser macht, kriegt sie glei Fisch,

Ich bin rein Tyrann!« – Jetzt versagt ihm die Stimm,
Im Spiegel hat er's g'sehn, 's steht sein Weib hinter ihm,
Drauf lasst sich beim Ohrwaschel heimführn
der Held! –
So gibt es halt allerhand Leut auf der Welt.

5.
Ein Mädl is fröhlich, ohne sich viel z' genieren,
Sie lacht mit, wenn d' Herrn etwas Lustigs disk'rieren,
Unterstund' sich aber wer, sie nur z' nehmen
beim Kinn,
Der derf schaun, dass er fortkommt, sonst hat er
eine drin. –
A andre schlagt d' Aug'n allweil nieder – o Gott!
Wenn a Mann sie nur anschaut, so wird s' feuerrot,
Sie lacht nit, sie red't nit, sie flüstert nur scheuch,
Doch wie man ihr d' Hand drückt, erwidert sie's gleich
Und sagt verschämt: »Ja«, wenn man sie wohin
bestellt! –
So gibt es halt allerhand Leut auf der Welt.

Verwandlung

Die Bühne stellt denselben Getreidespeicher vor wie im Anfang des zweiten Aktes. Es ist Abend. Das Mitteltor der Dreschtenne ist geschlossen, ein Rechen lehnt an demselben.

Fünfte Szene

Kathi allein.

KATHI *(kommt mit einer Laterne aus der Seitentüre rechts).* Mein gnädiger Herr Göd is nirgends zu finden, und die Stadtherrn verfolgen mich überall. Da, hoff ich doch, werd ich Ruh hab'n vor ihnen. *(Indem sie die Laterne auf den Tisch stellt, nach der Türe links sehend.)* Ich glaub gar – *(freudig)* richtig, er is's – !!

Sechste Szene

Lips; die Vorige.

LIPS *(zur Seitentüre links eintretend, für sich, ohne Kathi zu bemerken).* Dableiben mag ich nit und fort kann ich nit, das is die schönste Lag –

KATHI. Herr Göd! Na endlich – !!

LIPS *(betroffen).* Du bist da – ?

KATHI. Oh, Herr Göd! Das war g'scheit von Ihnen, dass Sie Ihre habsüchtigen Freund enterbt haben.

LIPS *(frostig).* Na, wann du's nur g'scheit find'st, das is ja sehr schmeichelhaft für mich.

KATHI *(ohne seinen veränderten Ton zu bemerken).* Jetzt muss ich Ihnen gleich meinen Plan anvertraun.

LIPS *(wie oben).* Hast recht, zieh mich ins Vertraun, vertrau mir's halt an, dass der Vetter Krautkopf noch halbwegs ein Mann is, den man halb aus Neigung, halb aus Dankbarkeit für ein' ganzen nehmen kann, und weil halt – und da schon einmal – und etc.! Warum traust dich denn nit heraus mit 'n Vertraun?

KATHI *(befremdet).* Aber, Herr Göd, wer sagt Ihnen denn, dass ich den Vettern will? Ich betracht den Vettern als einen Vater, weil ich keinen Vater, sondern nur einen Vetter hab.

LIPS. Also haben wir eine jugendliche Inklination? Nur anvertraut, schenk mir das gar angenehme Vertraun! Unter welchem Militär steckt er, wo muss er los'kauft wer'n? Du bist Erbin, 's Vermögen is da! Oder is er desertiert, willst ihm nach? Heirat mit Namensveränderung in der Schweiz, oder ohne Namensveränderung Vereinigung in die Vereinigten Staaten! 's geht alls, 's Vermögen is da!

KATHI. Sie glauben also, ich bin in einen jungen lüftigen Purschen verliebt? *(Sieht Lips an und schüttelt verneinend den Kopf.)*

LIPS. Also in kein' Alten und in kein' Jungen? Du hast aber doch g'sagt, du hast einen Plan.

KATHI. Oh, einen Plan hab ich freilich. Ich nehm all Ihr bares Geld, verkauf Ihre Häuser, Ihre Güter und petschier das Ganze ein in einen großmächtigen Brief, den schick ich Ihnen dann nach, dass's Ihnen recht gut geht in Ausland – das is mein Plan.

LIPS *(in freudiger Verwunderung).* Kathi –! Das wolltest du –!? Aber *(sich mäßigend)* wen heirat'st denn hernach?

KATHI. Niemand.

LIPS. Also g'fallt dir gar keiner –!?

(Kathi will sprechen, unterdrückt aber, was sie sagen wollte, und schweigt gedankenvoll.)

LIPS. Hat denn die ganze Welt ein Bulldoggmaul oder kommt dir unser ganzes G'schlecht kralewatschet vor?

KATHI. Ich glaub gar, Sie haben gehorcht, wie ich über Ihnen los'zogen hab? Dann müssen S' aber auch g'merkt haben, dass das nur aus Besorgnis um Ihnen g'schehen is.

LIPS *(seinen Irrtum einsehend)*. Ja – ja – ich hab's aber nicht g'merkt.

KATHI. Müssen nicht bös sein, Herr Göd, Sie merken überhaupt vieles nit.

LIPS. Eine Bemerkung möcht ich für mein Leben gern machen, aber –

KATHI *(schalkhaft)*. Welche denn zum Beispiel?

LIPS *(in freudiger Aufwallung)*. Und ich bemerk wirklich – ein klopfendes Herz – ein' verstohlnen Blick – einen wogenden – o Gott! Ich trau mir 'n nicht aufz'lösen, diesen Rebus! *(Seine Bewegung unterdrückend.)* In meine Jahr blamiert man sich zu leicht und verschmerzt Blamagen zu schwer. *(Man hört links die später Kommenden).* Was is denn das –!?

Siebente Szene

Stifler, Sporner, Wixer, die Vorigen; dann Justitiarius, Knechte.

STIFLER *(mit Sporner und Wixer rasch zur Seitentüre links eintretend)*. Da is der freche Pursche –!

WIXER. Der Pachter Krautkopf hat uns deine Post ausg'richt't.

JUSTITIARIUS *(hereineilend)*. Mäßigung, meine Herrn!

WIXER *(zu Lips).* Jetzt wer'n wir dir eine Cachucha einstudiern.

SPORNER. Unsre Reitgerten sollen die Kastagnetten sein.

STIFLER *(auf Lips eindringend).* Infamer –! *(Erkennt ihn, als er ihn eben am Kragen fassen will, und ruft, ganz starr vor Erstaunen.)* Ha –!

WIXER *(der ebenfalls näher getreten).* Was is's? *(Erkennt Lips.)* Ha!

STIFLER. Freund Lips –?!

SPORNER *und* WIXER. Du lebst –!?

LIPS. Ja, ich leb, meine undankbaren, heuchlerischen, jämmerlichen Freund!

STIFLER *(verlegen).* Verzeih –!

SPORNER *und* WIXER *(verlegen).* Wir konnten nicht wissen –

STIFLER. Ein unbedachtes Wort –

JUSTITIARIUS *(erstaunt).* Lipsius redivivus! *(Ihm respektvoll nähertretend.)* Euer Gnaden erlauben, dass ich mich von Dero Identität überzeuge.

LIPS. Lassen S' mich ung'schoren! Ich will von der Welt und ihren Faxen nix mehr wissen, ich zieh mich zurück in eine stille, reizende Verborgenheit.

JUSTITIARIUS. Still kann Dero Verborgenheit allerdings werden, aber reizend –? Quod nego.

LIPS. Wie meinen Sie das?

JUSTITIARIUS. Auf Hochdenenselben lastet die Inkulpation einer Schlossererssäufungs-Inzicht, weshalb ich mich Dero vielwerter Person versichern muss.

LIPS. Sie unterstehn sich –!?

JUSTITIARIUS. Ich handle amtlich nach höhernortiger Instruktion.

LIPS. Mein Gegner is zufällig ertrunken, ich bin unschuldig.

JUSTITIARIUS. Diesfalls wird Ihnen eine Beweisführung obliegen, welche nach den absichtverratenden Worten des Testamentswiderrufes, die da lauten: »Da es möglich ist, dass ich morgen mein Grab in den Wellen finde –« sich einer bedeutenden Schwierigkeit erfreuen dürfte.

LIPS *(sich vor die Stirn schlagend)*. Das hab ich dumm g'macht – Kathi, ich bin verloren!

JUSTITIARIUS *(zum Tore hinausrufend)*. Heda, Knechte! Leute! Famuli!

KATHI *(in großer Angst um Lips)*. Gott, was tu ich jetzt!?

JUSTITIARIUS *(zur Seitentüre gehend)*. Diese Türe ist von innen zu verschließen. *(Sperrt selbe zu und steckt den Schlüssel zu sich.)* Die Bauern müssen von außen Wache halten.

KATHI *(leise zu Lips)*. Sei'n S' ruhig, der Vetter Krautkopf muss Ihnen retten. *(Läuft zur Türe links ab.)*

JUSTITIARIUS *(zu Lips)*. Hochdieselben werden gnädigst bemerken, dass jeder Fluchtversuch vergeblich wäre. Wir lassen den pleno titulo Gefangenen allein. *(Verneigt sich tief und geht mit Stifler, Sporner und Wixer durch die Seitentüre links ab; die Knechte folgen. Man hört die Türe links von innen schließen.)*

Achte Szene

Lips allein, wie aus einem Traum erwachend.

LIPS. Wie g'schieht mir –? Ich war so selig – ich hab gar nicht nach'zählt, im wievielten Himmel als ich war – aber nur einen Augenblick bin ich in Wolken g'schwebt, jetzt steh ich wieder da mit der Aussicht auf jahrelanges Sitzen. – Der Abstand is zu groß – Paradies und Untersuchung, Kathi und Kerker – Liebe und Kriminal! Das is Eiswassersturz im russischen Dampfbad des Geistes. Mich beutelt was, und weil ich allein bin, so kann's nur das Fieber sein. – 's is Abend – Licht und Wärme geht dem Übeltäter immer zugleich aus; wie's dämmert, fangt das unheimliche Frösteln an. Die Seel eines Verbrechers is eine Nachteulen, beim Tag is sie stumpfsinnig, aber wie's dunkel wird, flattert s' auf, und mit der Finsternis wachst die Klarheit ihrer Katzenaugen – in jedem Winkel eine bleiche Gestalt. *(Nachdem er sich unheimlich umgesehen, nach einer Ecke starrend.)* Steht nicht dort –? Ja, er is's –!! Nein – nein – 's is nix als ein Rechen, und ich hab glaubt, es is sein Geist, der mich zur Rechenschaft zieht. – Wenn die Leut wüssten, was das heißt, einen Schlosser ertränken, es ließ's g'wiss jeder bleiben. Mir scheint gar, d' Latern geht mir aus. *(Öffnet die Laterne und geht dabei über die Mitte der Bühne.)* Das ging' mir noch ab! –*(Stolpert über etwas.)* Stock an! – Was ist denn das? *(An den Boden leuchtend.)* Ein eiserner Ring –? Eisen, unheimliches Metall für den, der Anspruch auf Ketten hat! *(Untersuchend.)* Das is ja – *(am Ring ziehend)* richtig, eine Falltür – da komm ich in einen Keller hinab. – Da kann ich mich verstecken. – Alte Fässer – neue Erdäpfeln – vergebliche Durchforschung – Kathi um Mitternacht – vielleicht unterirdischer Gang – Rettung – Freiheit! Die ganze praktische Romantik liegt da vor meinem Blick –! *(Öffnet die Falltüre in der Mitte der Bühne.)* Da schaut's schauerlich aus – ah, was! Was sein mus, muss sein! *(Steigt mit der Laterne hinab, im Orchester beginnt dumpfe Musik.)*

Neunte Szene

Gluthammer; der Vorige.

LIPS *(unten, stößt einen durchdringenden Schrei aus).* Ah –!!

GLUTHAMMER *(unten, ebenfalls erschrocken aufschreiend).* Ah –!!

LIPS *(unten).* Höllengespenst –!

GLUTHAMMER *(unten).* Satanas –!

LIPS *(eilig mit der Laterne ganz verstört heraufkommend).* Zu Hilf! Zu Hilf! *(Schlägt die Falltüre hinter sich zu.)* Da drunt' – sein Geist – so deutlich hab ich die Gestalt noch nie gesehn!

GLUTHAMMER *(die Falltüre von unten öffnend und heraufkommend. Nur bis an die Brust sichtbar; er ist in Krautkopfs Bettdecke eingehüllt und hat die Schlafhaube auf. In großer Angst).* Sein Geist verfolgt mich – Luft – Luft!

LIPS. Der Schatten steigt herauf – hinab mit dir! *(Läuft mit dem Mute der Desperation auf die Falltüre zu und tritt dieselbe mit den Füßen nieder.)* Wart, Abgrund! Ich werd dich lernen, Kobolde heraufschicken! – *(Schwer aufatmend.)* Haben wir auf der Oberfläche nicht so schon Schauerliches in Überfluss –?

GLUTHAMMER *(erscheint wie früher, aber unter der Falltüre links).* Mich bringt die Angst um! –

LIPS *(entsetzt).* Dort wieder –!? Höllisches Gaukelspiel –! *(Eilt wie früher darauf los und tritt die Falltüre zu.)* Ich hab ja nur einen umgebracht, *(kleinlaut werdend)* zu was diese grässliche Multiplikation!?

GLUTHAMMER *(erscheint wie früher unter der Falltüre, aber in der Mitte der Bühne).* Ich muss herauf –

LIPS *(außer sich).* Hinab mit dir! Was tot is, g'hört unter die Erd! *(Wirft sich mit ausgebreiteten Armen auf die Falltüre nieder, drückt dieselbe auf diese Art zu und Gluthammer wieder hinab.)* Der ganze Erdboden is unterminiert, die Schlosser schießen wie d' Spargel in d' Höh! Das halt' aus, wer will! *(Will sich mühsam aufraffen.)* Meine Knie – meine Sinne – meine Kraft – ich bin tot! *(Sinkt wieder zusammen.)*

(Man hört einen zahlreichen Jubelruf von innen: »Es lebe der gnädige Herr!« – Hier endet die Musikbegleitung.)

LIPS *(auffahrend).* Was war das –!?

(Ruf von innen: »Es lebe der gnädige Herr!!«)

LIPS *(matt).* Ich soll leben!? – Dummköpf, ich hab keine Zeit, ich bin grad mit 'n Tod beschäftigt! *(Rafft sich mühsam auf. Man hört die Türe Seite links öffnen.)*

Zehnte Szene

Krautkopf, Justitiarius, Stifler, Sporner, Wixer, Kathi, mehrere Bauern kommen mit; der Vorige ohne Gluthammer. – Alle eilen Seite links herein, der Justitiarius zuletzt.

KRAUTKOPF *(in freudiger Verwirrung).* Hab ich ein' Kopf? Hab ich kein'?! Hab ich ein' gnädigen Herrn, hab ich kein'?!

KATHI *(auf Lips zeigend).* Da is er!

JUSTITIARIUS *(zu Krautkopf).* Wie kann Er die Leute zu Vivatrufen alarmieren?

KRAUTKOPF *(ohne auf den Justitiarius zu hören).* Und ich verworfener Grobian – erlauben mir Euer Gnaden, Ihnen im zerknirschtesten Triumph aufs Schloss zu tragen.

JUSTITIARIUS *(zwischen Lips und Krautkopf tretend).* Halt! Ihre Gnaden gehören der Justiz.

KRAUTKOPF. Er is unschuldig, das werd ich gleich beweisen.

JUSTITIARIUS. Der Schlosser ist einmal tot!

Elfte Szene

Gluthammer; die Vorigen.

GLUTHAMMER *(hat die Falltür rechts von unten aufgehoben und kommt herauf).* Wer hat Ihnen denn das gesagt? Der gnädige Herr ist tot!

KRAUTKOPF. Wer hat dir denn das g'sagt? Der gnädige Herr lebt!

GLUTHAMMER. Plausch nicht! *(Zum Justitiarius.)* Nehmen S' mich, ich will lieber ein Gefangener als ein Lebendigbegrabener sein.

LIPS *(Gluthammer mit freudigem Staunen betrachtend).* Der Schlosser!? – Er is's wirklich –!? Er lebt!?

GLUTHAMMER *(ebenso).* Der gnädige Herr – !? Er is's richtig – !? Er is nicht tot!?

LIPS *(ihm freundlich die Hand reichend).* Nein, lieber Ermordeter!

GLUTHAMMER. Ich auch nicht, Euer umgebrachten Gnaden!

JUSTITIARIUS. Keiner is tot, dann hat auch keiner den andern umgebracht, der Kriminalfall zerfällt in nichts.

STIFLER *(sich Lips mit devoter Freundlichkeit nähernd).* Wirst du unsern Glückwunsch verschmähn –?

LIPS. Im Gegenteil, ihr könnt sehr viel zu meinem Glück beitragen.

STIFLER, SPORNER, WIXER *(äußerst zuvorkommend).* O sag nur, wie?

LIPS. Wenn ihr euch an der Stell zum Teufel packt!

JUSTITIARIUS. Prosit!

(Stifler, Sporner, Wixer ziehen sich betroffen zurück und entfernen sich Seite links.)

LIPS *(zu Gluthammer).* Ich bin jetzt nicht mehr dein Nebenbuhler, nimm deine Witwe samt einer reichen Aussteuer von mir!

GLUTHAMMER. Die Aussteuer nehm ich und kauf mir ein Schlosserg'werb, aber für d' Witwe dank ich; mir is die ganze Mathildenlieb vergangen.

LIPS. Und in mir is eine Kathilieb erwacht. Jetzt seh ich's erst, dass ich nicht bloß in der Einbildung, dass ich wirklich ein Zerrissener war. Die ganze eh'liche Hälfte hat mir g'fehlt, aber gottlob, jetzt hab ich s' g'funden, wenn auch etwas spät. – Kathi! Hier steht dein Verlebter, Verliebter, Verlobter, hier steht meine Braut! *(Umarmt Kathi.)*

KRAUTKOPF. Seine Braut! Schreits Vivat!!

ALLE *(zusammen). Vivat!!*

Der Vorhang fällt.

Ende.

Zu dieser Ausgabe

Der Text folgt der von Otto Rommel herausgegebenen Werkausgabe:

> Johann Nestroy: Gesammelte Werke. 6 Bde. Hrsg. und mit einer Einl. vers. von Otto Rommel. Bd. 4. Wien: Schroll, 1949. Photostat. Nachdr. Ebd. 1962. – *Der Zerrissene:* S. 363–438.

Die Orthographie wurde nach den gültigen amtlichen Rechtschreibregeln behutsam und unter Wahrung des Lautstands und sprachlich-stilistischer Eigenheiten modernisiert. Apostrophe wurden weitgehend getilgt, außer sie sind für das Leseverständnis unentbehrlich. Ansonsten blieb die Zeichensetzung unangetastet. Sperrsatz in der Vorlage wird kursiv wiedergegeben, das gilt auch für Zitate im Nachwort. Die Szenen- und Regieanweisungen wurden vereinheitlicht.

Anmerkungen

5,1 *Der Zerrissene:* zeitgenössischer Ausdruck für jemanden, der Weltschmerz empfindet.

6,11 *Justitiarius:* Justiziar; Rechtsbeistand.

7,3 *Prospekte:* der Prospekt: bemalter Bühnenhintergrund, hintere Begrenzung der Bühnenkulissen.

7,20 *honettes Quantum:* anständiges Maß, ordentliche Menge.

8,10 *die Altan':* eine aus einem oberen Stockwerk hervorspringende balkonartige Plattform, die von Säulen oder Mauern getragen wird.

8,16 f. *wägt über sieben Lot:* wiegt mehr als sieben Lot, also mehr als 122,5 g (1 Lot = 17,5 g).

9,11 *Gusto:* (ital./österr.; hier als Pluralwort gebraucht) Appetit, Verlangen.

9,15 *Da drin is Tafel!:* Drinnen sitzt man mit Gästen zu Tisch!

9,17 *pickt ... an:* anpicken: ankleben.

9,22 f. *den Toast ausbringen:* einen Trinkspruch aussprechen, wobei alle Gäste die Gläser erheben.

10,5 *verschnabulieren:* mit Behagen verspeisen.

11,14 *Weißnähterei:* Weißnäherei: Anfertigung von Bett-, Tisch- und Leibwäsche aus (weißem) Waschstoff.

11,16 *Marchandmode:* Modewarenhändler, Putzmacher (Hutmacher).

11,30 *Herrn Göden:* Göd: Taufpate (Taufpatin: Godel).

12,15 *mit Krebsaugen:* »KREBSAUGE, f. ein halbkugeliger stein, der sich im august zu zweien im magen des krebses findet (zur bildung seines neuen panzers bestimmt), krebsstein [...]; man thut ihn u. a. ins auge, um einen darein geratenen fremden gegenstand damit auszutreiben« (Jacob und Wilhelm Grimm, *Deutsches Wörterbuch*, Bd. 11, München 1984, Sp. 2131). Also gleichsam: purgierend, kathartisch.

12,23 *Putzerin:* »Putzjungfer, die sich auf den putz versteht: dieselbe putzjungfer kleidet an, aber auch aus« (Jacob und Wilhelm Grimm, *Deutsches Wörterbuch*, München 1984, Bd. 2, Sp. 596); »auch eine frau, die zimmer u. s. w. putzt« (ebd., Bd. 13, Sp. 2284).

12,31 *Mamsell:* Gehilfin.

13,12 f. *die Anginene begelt:* die Hose (aus gelber Nanking-Baumwolle) gebügelt; die Bezeichnung »Angínene« hat womöglich auch damit zu tun, dass man in diesen luftigen Beinkleidern Halsschmerzen bekam (vgl. Walter Steinhauser, »250 Jahre Wienerisch. Zur Geschichte einer Stadtmundart«, in: *Zeitschrift für Mundartforschung* 21, 1953, H. 3, S. 159–190, hier S. 179).

13,24 *Strohwitiber:* Strohwitwer, Witwer auf Zeit.

15,15 *Mathildenschnipfer:* Schnipfer: Lausbub, hier: Dieb.

16,3 *Ritornell:* wiederkehrendes Vor-, Zwischen- oder Nachspiel in einem Musikstück.

16,8 *Pantalon:* Hose.

Gunkel: Josef Gunkel (1802–1878), Wiener Schneidermeister, der ein großes Geschäft in den Tuchlauben im 1. Wiener Bezirk führte (bis heute: Tuchlauben 11); für seine Herrenmode war er in ganz Europa bekannt.

16,16 *Mandl beim Sterz:* Vogelscheuche (Männlein) im Maisfeld; ratlos dastehen.

16,22 *Kasten:* Schrank.

16,27 *ewige Jud:* Figur aus der christlichen Legendentradition des Mittelalters (ursprünglich ein Mann, der Jesus auf dem Weg zum Kreuz verspottet hatte und dafür von ihm zur ewigen Wanderschaft durch die Zeiten verdammt wurde); 1602 wurde die Erzählung in einem deutschen Volksbuch mit dem jüdischen Schumacher Ahasver verbunden; ab dem 18. Jahrhundert wurde die Legende allmählich antisemitisch umgedeutet.

17,13 *Gamezen:* Gähnen.

17,16 *Braker:* Klopfer; Schläge auf das Hinterteil zur Strafe (für Kinder).

17,20 *assekuriert:* versichert.

17,22 *Realitäten:* Immobilien.

17,26 *Aufrieglung:* Umstimmung.

18,6 *Sulteln:* Verkleinerungsform von ›Sultan‹; Hundename.

18,11 *liegt gar ganz in Talon:* liegt in Reserve, wird gerade nicht gebraucht; Talon: noch nicht ausgegebene Karten beim Kartenspiel.

18,12 *Kugelstutzen:* Gewehr, Vorderlader.

19,8 *ang'stochen:* beschwipst.

19,14 *stad:* ruhig.

19,15 *prätendieren:* beanspruchen, verlangen.

19,22 *Terno:* eine Dreierreihe im Lotto.

20,3 *Matthäi am Letzten:* am Ende des Matthäus-Evangeliums; in übertragener Bedeutung: zu Ende.

20,10 *Tatl:* Kehrschaufel.

20,23 *paperlgrün:* papageiengrün.

20,27 *ex propriis:* (lat.) aus eigenen Mitteln, aus eigener Kraft.

22,7 f. *Erkläre mir, o Örindur, diesen Zwiespalt der Natur!:* nur leicht verändertes (»*Und erklärt mir, Oerindur*«), berühmtes Zitat aus dem Trauerspiel *Die Schuld* (2. Akt, 5. Szene) des deutschen Autors Adolf Müllner (1774–1829); das Stück wurde 1813 am Wiener Burgtheater uraufgeführt.

22,17 *positus:* (lat.) gesetzt (den Fall).

22,26 *a tempo:* (ital.) eigtl.: zurück zum Tempo; umgangssprachlich: unverzüglich.

23,27 *Goddam!:* (engl.) Gottverdammt!

25,4 *kreditiert:* Kredit gewährt.

25,31 *Desperation:* (lat.) Verzweiflung.

26,11 *kotzengrob:* (österr., süddt.) äußerst grob; der Kotzen: grob gewebte, kratzende, dicke Wolldecke.

26,22 *Equipage:* vornehme Kutsche.

26,26 f. *weder Fink noch Belisar:* Fink: Finken wurden geblendet, damit sie schöner singen. – Belisar: (um 500–565) oströmischer Feldherr unter Kaiser Justinian I., der wegen Hochverrats angeklagt und der Legende nach geblendet wurde (in Wahrheit wurde er freigesprochen); Belisars Blendung ist Stoff zeitgenössischer Theaterstücke.

28,11 f. *Schuss zum Heiraten:* die Stimmung, die Lust zum Heiraten.

29,6 *Obligationen:* Anleihen; festverzinsliche Wertpapiere, mit denen der Schuldner sich zu laufenden Zinszahlungen und zur Rückzahlung des geliehenen Kapitals zu einem vereinbarten Zeitpunkt verpflichtet.

29,11 *Hühnertritt:* Krähenfüße, Fältchen in den Augenwinkeln.

29,13 *Nemesis:* in der griechischen Mythologie die Göttin des gerechten Zorns; Rachegöttin.

29,14 f. *Papierltwerden:* an der Nase herumgeführt werden.

32,13 *was Dalkets:* etwas Ungeschicktes, Dummes, Einfältiges.
33,10 *aimable:* (frz.) freundliche, nette.
33,16 *avisieren:* (lat.) ankündigen, hier: benachrichtigen.
35,8 *disk'riert:* diskurieren: (frz.) sich besprechen, sich unterhalten.
35,18 *Taschenfeidl:* Taschenmesser.
35,23 *alterier:* aufrege.
36,24 *Rumor:* (spätmhd.) Aufruhr, Lärm (entlehnt von lat. *rumor* ›Gerücht‹).
37,23 *honett:* ehrenwert, anständig.
is's a Passion: ist es ein Lust.
39,2 *aufzünden:* (die Lichter) anzünden.
eine à la guerre: eine Wiener Spielvariante beim Billard, bei der so viele Kugeln auf dem Tische lagen, wie Spieler anwesend waren. Immer die entfernteste Kugel war zu treffen.
39,21 *Trud:* Drude; hexenartiges Wesen aus dem Volksglauben, das nachts Albträume verursacht, indem es auf der Brust der schlafenden Person sitzt.
41,18 *die Leich:* die Beerdigung.
43,14 *Schinakeln:* kleine Boote.
43,23 *Witib:* Wittwe.
45,8 f. *Kriminal:* Gefängnis.
46,16 *aufg'schobert:* zu einem Haufen aufgeschichtetes Heu.
47,18 f. *Butten von Krauthäupteln:* Tragekorb mit Kohlköpfen.
48,7 f. *Robotausweis:* Robot: von slaw. *robota* ›Arbeit, Frondienst‹; körperliche Arbeit, die Bauern dem Gutsherrn zu leisten hatten.
49,1 *kriminalisch:* kriminell, verbrecherisch.
49,5 f. *aussprengen:* ein Gerücht verbreiten.
49,16 f. *Grundeln:* kleine Fischart, die im Meer und in Süßgewässern vorkommt; mangels Schwimmblase halten sich Grundeln meist auf dem Boden (Grund) auf.
49,21 *Dépense:* Ausgabe, Anschaffung.
49,29 *abbrennen:* enttäuscht werden.
50,12 *Garçondiner:* festliches Essen mit Kellnern.
15,29 f. *Miliweib:* Milchfrau; Frau, die ein Milchgeschäft führt.
51,18 *der ging' mir g'rad noch ab:* der fehlte mir gerade noch.
52,21 *An'baut:* hier: verloren.

53,1 *sechs Maß Obers:* ca. 8,4 Liter Sahne (1 Wiener Maß = 1,4 Liter).
53,3 *Milirahm:* Milchsahne.
53,14 *Jodl:* Knecht.
54,11 *Tenne:* fester Boden in einer Scheune, auf dem früher das Getreide gedroschen wurde.
55,2 *colla parte:* (Begriff aus der Musik) ›mit der Partie‹, mit der Hauptstimme; die Begleitung der Instrumente ist weitgehend mit dem Part der Gesangsstimme(n) identisch, stützt sie oder ersetzt eine Gesangsstimme bzw. hier: die Instrumente haben sich einer Sologesangsstimme in Ausdruck, Tempo, Rhythmus anzupassen.
56,15 *Heiklichkeiten:* Empfindlichkeiten.
56,24 *Getreideschober:* zum Trocknen zu einem Haufen aufgeschichtete Getreidebündel.
57,1 *Getreidegarben:* Getreidebündel.
58,18 *Stadl:* Scheune.
59,5 *Traidboden:* niedriges Stockwerk in einer mehrstöckigen Scheune, auf dem das Getreide (Traid) trocken und gut belüftet gelagert und immer wieder gewendet werden kann.
59,10 *schnapp auf:* tue den letzten Atemzug.
61,2 *inner der Szene:* hinter den Kulissen.
61,16 f. *Unterstandgeber:* (Amtssprache) Vermieter.
62,1 *Polster:* Kissen.
62,5 *zum Fraiskriegen:* Fraisen: Krampfanfall; die Fraisen kriegen: sich erregen, wütend werden.
62,8 *mach dich kommod:* mach dir's bequem.
62,23 *angeverselten:* in Versen übertrieben gepriesen.
64,15 *krampusartig … Niklomarkt:* Krampus: im alpinen Adventbrauchtum eine bedrohliche Schreckgestalt, die die unartigen Kinder bestraft, während die artigen vom heiligen Nikolaus belohnt werden; oft aus Dörrzwetschken nachgebildet. – Niklomarkt: Nikolausmarkt; Adventmarkt.
64,17 *aufreiben:* die Hand zum Schlag heben.
65,5 *pritschelt … an:* verspritzt.
66,9 *Dalk:* ungeschickter Mensch, Dummkopf.
66,22 *g'steckt:* verraten.
67,1 *G'säus:* Lärm, Aufruhr.

67,4 *in d' Visit:* auf Besuch.

67,17 *vur:* vor.

67,23 *patzt in Öl:* pfuscht in Öl; malt schlechte Ölbilder.

67,29 *Parnass:* Gebirgsstock in Griechenland; in der griechischen Mythologie Apollon geweiht und Wohnort der Musen, der Göttinnen der Künste.

68,1 *Lackel:* grober Mensch.

Correggio-Natur: Correggio: Antonio da C. (1489–1534), berühmter italienischer Maler der Renaissance.

68,22 *tuschiert:* berührt.

68,23 *simi:* sieben.

68,24 *Thaddädl-Ton:* Verkleinerungsform von Thaddäus; lustige Figur des Altwiener Volkstheaters, mit trompetenhafter Fistelstimme; der Rollentypus wurde kreiert von dem Schauspieler Anton Hasenhut (1766–1841).

69,6 *inkommodieren:* belästigen, stören.

69,8 *pleno titulo:* (lat.; österr.) mit vollem Titel; bei der Ansprache von mehreren Personen wird so bewusst auf die Nennung der einzelnen Namen oder Titel verzichtet.

69,25 *Paragraphum primum:* (lat.) erster Paragraph.

71,23 *Zenten:* Zentner, alte Gewichtseinheit.

72,24 *Keierei:* Mühe, Plage.

74,7 f. *Causam litis:* (lat.) Streitsache.

76,21 *mich ansetz:* mich ausdauernd bewerbe.

76,22 *Gerstel:* Geld.

76,24 *Muhmen:* weibliche Seitenverwandte.

77,27 *Schupfer:* Schubs, Stoß.

78,16 *Heres ex asse:* (lat.) Gesamterbe.

79,24 *kralewatschet:* schief, krummbeinig; auch: verworren.

79,28 *Verschmach:* Substantiv zu ›verschmähen‹.

80,10 *geniert mich:* stört mich, belästigt mich.

83,14 *Pick:* Ärger, Groll.

83,25 *Metallique:* Metalliques sind Wertpapiere, deren Nennwert und Verzinsung auf bestimmte Münzen, also in »schwerem Geld«, ausgestellt war.

83,26 *komptant:* sofortige Bezahlung bei Lieferung einer Ware, bar.

84,4 *beutelt:* schüttelt.
84,12 *stader:* stiller, ruhiger.
84,29 *Fisch:* Hiebe, Ohrfeigen.
85,3 *Ohrwaschel:* Ohrmuschel.
85,15 *scheuch:* scheu.
87,8 *Inklination:* (lat.) Neigung, Vorliebe.
87,22 f. *petschier:* (einen Brief) petschieren: zusiegeln.
88,16 *Rebus:* Bilderrätsel.
89,1 *Cachucha:* ein spanischer Solotanz, dem Bolero ähnlich; im 19. Jahrhundert berühmt geworden durch die österreichische Tänzerin Fanny Elßler.
89,17 *Lipsius redivivus:* (lat.) der auferstandene Lips.
89,24 *Quod nego:* (lat.) Was ich bestreite.
89,26 f. *Inkulpation:* (Begriff aus dem Strafrecht) Zuschreibung der Beschuldigteneigenschaft, d. h. die Strafverfolgungsbehörde führt Ermittlungen gegen eine verdächtige Person als beschuldigte.
89,27 *Schlossserersäufungs-Inzicht:* Inzicht: Beschuldigung.
90,11 *Famuli:* (lat., Plural) Diener.
91,24 f. *Das ging' mir noch ab!:* Das fehlte mir noch!
91,25 *Stock an!:* Ausruf beim Anrennen gegen ein Hindernis oder eine Person.
92,25 *Desperation:* (lat.) Verzweiflung.
95,1 *Plausch nicht!:* Erzähl mir keine unwahren Dinge!

Literaturhinweise

Ausgaben

Der Zerrissene. Posse mit Gesang in drei Acten, von Johann Nestroy. Die Handlung ist dem Französischen (*L'homme blasé*) nachgebildet. Dieses Stück ist für Wien ausschließendes Eigenthum der unter der Leitung des Herrn Directors Carl stehenden Bühne. Wien, 1845. Verlag und Druck von J. B. Wallishausser.

Johann Nestroy: Sämtliche Werke. Histor.-krit. Gesamtausg. Hrsg. von Fritz Brukner und Otto Rommel. Bd. 12. Wien: Schroll, 1929. – *Der Zerrissene:* S. 229–324, 603–634.

Johann Nestroy: Sämtliche Werke. Histor.-krit. Ausg. Hrsg. von Jürgen Hein und Johann Hüttner. Bd. 21. Hrsg. von J. H. Wien/München: Verlag Jugend und Volk, 1985. – *Der Zerrissene:* S. 21–93, 117–199.

Forschungsliteratur (Auswahl)

Doering, Susan: Schnipfer oder Dichter? Zur Frage der Vorlagenbearbeitung bei Johann Nestroy. In: Das österreichische Volkstheater im europäischen Zusammenhang 1830–1880. Bern [u. a.] 1988. S. 33–53.

– Der wienerische Europäer. Johann Nestroy und die Vorlagen seiner Stücke. München 1992.

Hein, Jürgen: Johann Nestroy: Der Zerrissene. In: Komödien-Sprache. Beiträge zum deutschen Lustspiel zwischen dem 17. und dem 20. Jahrhundert. Hrsg. von Helmut Arntzen. Münster 1988. S. 83–97.

– »Die Handlung ist dem Französischen nachgebildet«. Johann Nestroy und seine Vorlagen im Spiegel der neuen Historisch-kritischen Ausgabe. In: Austriaca 75 (2012) S. 15–39.

In, Seongki: Nestroys Theater als Abbild und Sinnbild der Welt *Der Zerrissene* im Vergleich zu *L'homme blasé*. In: Nestroyana 19 (1999) S. 138–149.

Klotz, Volker: Bürgerliches Lachtheater. Komödie – Posse – Schwank – Operette. 4., aktual. und erw. Aufl. Heidelberg 2007.

Kraus, Karl: Nestroy und die Nachwelt. Zum 50. Todestage. In: Die Fackel. 13. Mai 1912. Nr. 349 f. S. 1–23.

May, Erich Joachim: Wiener Volkskomödie und Vormärz. Berlin (DDR) 1975.

Neuber, Wolfgang: Zur Dichtungstheorie der österreichischen Restauration. Die *Institutio ad eloquentiam*. In: Die österreichische Literatur. Ihr Profil an der Wende vom 18. zum 19. Jahrhundert (1750–1830). Hrsg. von Herbert Zeman. Graz 1979. S. 23–53.

– Nestroys Rhetorik. Wirkungspoetik und Altwiener Volkskomödie im 19. Jahrhundert. Bonn 1987. (Abhandlungen zur Kunst-, Musik- und Literaturwissenschaft. 373.) [Zu den Gastspielreisen vgl. S. 148–167 und 182–203.]

– Poetica confessionis cognitio. Erkenntnisfunktionale Ansätze zu einer induktiven Poetik der Altwiener Volkskomödie. In: Das österreichische Volkstheater im europäischen Zusammenhang 1830–1880. Bern [u. a.] 1988. S. 13–31.

– Stumme Rhetorik. Sprachlose Wirkungsstrategien in Nestroys Possen *Der Talisman* und *Einen Jux will er sich machen*. In: Johann Nestroy 1801–1862. Vision du monde et écriture dramatique. Actes du colloque international organisé avec le concours de l'Institut Autrichien, Paris 31 janvier – 2 février 1991. Sous la direction de Gerald Stieg et de Jean-Marie Valentin. Paris 1991. (Publications de l'Institut d'Allemand d'Asnière. 12.) S. 101–108.

– Diskursmodell Volkstheater. Zu Funktion und Stellung der Altwiener Volkskomödie in der österreichischen Aufklärung. In: Internationales Archiv für Sozialgeschichte der deutschen Literatur 18 (1993) H. 2. S. 29–52.

– [Art.] Nestroy, Johann Nepomuk. In: Neue Deutsche Biographie. Bd. 19. Berlin 1999. S. 81–83.

– Die Comoedianten kommen. Zu Nestroys Gastspielreisen. In: Die Welt steht auf kein Fall mehr lang. Johann Nestroy zum 200. Geburtstag. Kat. zur 277. Sonderausstellung des Historischen Museums der Stadt Wien. Wien 2001. S. 61–68.

– Satiriker sucht Gleichgesinnten. Karl Kraus' Verhältnis zu Johann

Nestroy. In: Regionaler Kulturraum und intellektuelle Kommunikation vom Humanismus bis ins Zeitalter des Internet. Festschrift für Klaus Garber. Hrsg. von Axel E. Walter. Amsterdam / New York 2005. S. 703–720.

Piok, Maria: Von der *comédie vaudeville* zur satirischen Posse. Nestroys Bearbeitungen französischer Boulevardkomödien. In: Deutschsprachige Literatur und Dramatik aus der Sicht der Bearbeitung. Hrsg. von Fabrizio Cambi und Fulvio Ferrari. Trento 2011. S. 47–70.

Walla, Friedrich: Die vervollkommnenden Striche des Meisters oder »Plagiator« in guter Gesellschaft. Johann Nestroy und seine Quellen. In: Die Welt steht auf kein Fall mehr lang. Johann Nestroy zum 200. Geburtstag. Kat. zur 277. Sonderausstellung des Historischen Museums der Stadt Wien. Wien 2001. S. 69–80.

Nachwort

1.

Johann Nepomuk Eduard Ambrosius Nestroy (7. Dezember 1801 – 25. Mai 1862) war kein »Dichter«, jedenfalls nicht in dem Verständnis des Begriffs, wie ihn die protestantische Literatur des 18. Jahrhunderts folgenreich entworfen hatte. Auf der Grundlage der neuen Wissenschaft der (empirischen) Psychologie und der darauf beruhenden, ebenfalls neuen Wissenschaft der Ästhetik hatte das protestantische Deutschland einen konzeptionellen Wechsel im Bereich der Literatur und der Verfasserschaft vollzogen, der seit Lessing im Wesentlichen den mit »Genie« begabten Schöpfer voraussetzt. Die Schöpfungen dieses genialen »Dichters« zeichnen sich im Bereich des Dramas und des Theaters dadurch aus, dass das Publikum sich mit dem Helden identifizieren soll, was nur auf der Basis einer psychologischen Wahrscheinlichkeit funktionieren kann. Die Aufführung des Texts ist daher wesentlich illusionistisch angelegt: Die Zuseher sollen distanzlos in das Bühnengeschehen hineingezogen werden; sie sollen Figuren sehen, die wenigstens in psychologischer Hinsicht (wenn schon nicht dem sozialen Stand nach) mit ihnen von einem »Schrot und Korn« (Lessing) sind; sie sollen Menschen beobachten, die in Räumen agieren, denen die vierte Wand, nämlich jene zum Zuschauerraum hin, fehlt. Dazu kommt, dass die Helden des protestantischen Theaterbetriebs zumeist existentiellen Krisen ausgesetzt sind, die sie zu Verzweiflungstaten treiben (Kindsmord, Selbstkastration etc.) oder gar selbst in den Untergang und Tod führen.

Die Rede ist hier von einem grundlegenden Konflikt zwischen protestantischer und katholischer Dramentheorie und Theaterpraxis, einem Konflikt, der die Zeit von etwa 1750 an bis zur Mitte des 19. Jahrhunderts prägt. In der Tat liegt hier ein Konflikt vor, nicht einfach nur Differenz; denn dort, wo protestantische Intellektuelle sich mit dem Wiener Theater, in dessen Tradition sich Nestroys Werk einschreibt, konfrontiert sehen, so ist die Ablehnung vehement, gepaart mit einem Gefühl der vermeintlichen Überlegenheit und dem Urteil der Verspätung und/oder Grobschlächtigkeit des Wiener Theaters. Friedrich Engels etwa spricht 1839 verächtlich von »Nestroy und Konsorten«, während er das Junge Deutschland preist.

Es wäre indessen völlig verfehlt, sich noch heute die ideologischen Normen des protestantischen Literaturbetriebs jener Zeit zu eigen zu machen und das Wiener Theater – das hier im Fokus steht – für rückständig zu halten. Vielmehr ist von einer eigenständigen Formensprache auszugehen, die eine katholische Literaturtradition markiert und deren theatralische Ausdrucksformen auf eigene Bedürfnisse antwortet. An der Stelle der protestantischen Illusionsbühne findet sich ein dominierender anti-illusionistischer Zeigecharakter des Dramas, wie ihn – mit gar nicht so anderen Mitteln – erst zu Beginn des 20. Jahrhunderts Bert Brechts »Episches Theater« neu entdeckte. An die Stelle der im Ruin mündenden existentiellen Gefährdung des Helden tritt ein distanziertes, anschauendes Probehandeln bzw. Probedenken. Beispiele dafür finden sich nicht allein im Rahmen des Wiener Volkstheaters (vgl. Karl Meisl,

Der lustige Fritz, oder: Schlafe, träume, stehe auf, kleide dich an und beßre dich. Ein Mährchen neuerer Zeit in zwey Aufzügen, Wien 1819), sondern auch in Franz Grillparzers *Der Traum ein Leben* (uraufgeführt 1834 im Wiener Burgtheater). Dementsprechend sind die Figuren des Wiener Volkstheaters in psychologischer Hinsicht nur schwach motiviert, und so verweist auch Nestroys *Zerrissener* viel deutlicher auf die katholische, alteuropäische Tradition der Typenkomödie als auf protestantische Einflüsse; zu nennen sind hier beispielsweise Molières *Le Misanthrope* (*Der Menschenfeind*), 1666; *L'Avare* (*Der Geizige*), 1668; *Le Malade imaginaire* (*Der eingebildete Kranke*), 1673; oder Goldonis *Il bugiardo* (*Der Lügner*), 1750; *I rusteghi* (*Die Grobiane*), 1760.

2.

Johann Nestroy war kein Sprachphilosoph, wie Karl Kraus das sah (vgl. Kraus 1912). Nestroy war ein Rhetoriker in der großen gemeineuropäischen Rhetoriktradition, wie sie seit der Renaissance neu belebt worden war. Diese Tradition war, in zeitgenössischer Adaptierung, bereits durch den Unterricht am Gymnasium an Nestroy vermittelt worden. Das Lehrbuch *Institutio ad eloquentiam* hatte ihm – in lateinischer Sprache, im Rahmen des grundlegend auf Latein erteilten gymnasialen Unterrichts – die Wirkungsmittel rhetorischen Argumentierens beigebracht, lange bevor er selbst auf das Theater kam (1822, nach Abbruch seines Jusstudiums als Sänger in der Stimmlage Bass) oder gar Stücke zu verfassen begann (ab 1827).

Eine solche rhetorische Schulung kommt den Bedingungen des Wiener Volkstheaters entgegen. Das protestantische Konzept des mit Genie begabten »Dichters« sieht vor, dass sich Autorschaft durch eine subjektiv gesteuerte Wahl der Gegenstände und Mittel auszeichnet, wodurch die Texte im Lauf eines Verfasserlebens ein ›Werk‹ ergeben, das der inneren Entwicklung des Urhebers folgt. Im Unterschied dazu sind die Autoren des Wiener Volkstheaters eingebunden in einen kommerziell-kapitalistischen – also nicht subventionierten – Theaterbetrieb, d.h. sie sind an die Bedingungen von Schau- und Unterhaltungsmaschinen gebunden, die sich wirtschaftlich selbst erhalten müssen, was sie unmittelbar an die Struktur und den Geschmack des Publikums bindet: Wenn die Stücke nicht gefallen, geht das Theater bankrott. Seit dem 18. Jahrhundert sind dadurch die Existenzbedingungen der Dramatiker des Wiener Volkstheaters definiert, von Joseph Anton Stranitzky über Philipp Hafner, Josef Alois Gleich, Karl Meisl und Adolf Bäuerle bis hin zu Ferdinand Raimund und Johann Nestroy.

Innerhalb solcher Rahmenbedingungen bleibt selbstverständlich kein Raum für subjektive Entfaltung im Lauf eines ›Lebenswerks‹, es bleibt kein Raum dafür, sich zum »Dichter« zu machen. Es gilt, das Publikum anzulocken. Was sich, auch bei Nestroy, über Jahrzehnte des Stückeschreibens an Veränderungen der dramatischen und theatralischen Ausdrucksmittel ergibt, ist keiner inneren Entwicklung zuzuschreiben, sondern ergibt sich aus dem Wandel in der sozialen Struktur des Publikums und aus seinen sich wandelnden Interessen.

Ein solcher Theaterbetrieb lässt keinen Spielraum für das

jahre-, auch oft jahrzehntelange Feilen an einem Text, er ist auf die rasche Produktion von oft mehreren Stücken pro Jahr hin angelegt. Ein solcher Theaterbetrieb gestattet weder formale Experimente noch die mühevolle Erfindung von Sujets. Nestroys Mittel der Wahl – wie auch jenes von z. B. William Shakespeare – war daher die Bearbeitung von Vorlagen, die er in der Regel aus dem englischen und dem französischen Theaterbetrieb seiner Gegenwart bezog. Er musste proben, spielen und schreiben – Nestroy verfasste in 35 Jahren 83 Stücke und trat in vierzig Jahren an mehr als 6000 Abenden in insgesamt 879 Rollen auf. Er konnte daher nicht selbst durch halb Europa reisen, um neuen Produktionen in London und Paris nachzuspüren. Er versorgte sich durch ein international operierendes Netz von Theater- und Literaturagenten, die gegen Bezahlung den Austausch von Texten sicherstellten.

Mit dieser Praxis war Nestroy nicht allein. Wie sich am Beispiel des *Zerrissenen* zeigt, schlief die Konkurrenz nicht. Da die französische Vorlage zum *Zerrissenen*, *L'homme blasé*, in Paris am 18. November 1843 mit großem Erfolg aufgeführt worden war, verbreitete sich das Stück in ganz Westeuropa. Das Londoner Haymarket Theatre präsentierte bereits am 6. Februar 1844 eine Produktion in englischer Sprache durch Charles James Mathews (1803–1878). In Wien war es das Theater in der Josefstadt, das am selben Abend, an dem der *Zerrissene* uraufgeführt wurde, nämlich am 9. April 1844 im Theater an der Wien, eine deutsche Version des Pariser Stücks aufführte. Das Stück wurde in der Übersetzung von Joseph Kupelwieser (1791–1866) unter dem Titel *Überdruß aus Überfluß oder, der gespenstige Schlosser* gespielt und war ein riesiger Misserfolg – im Unterschied zum *Zerrissenen*, der 1844 mehr als 50 Aufführungen erlebte.

Das *Österreichische Morgenblatt* vom 13. April 1844 bespricht beide Produktionen und markiert deutlich die Unterschiede. Nestroys Stück entfalte »ein chamäleontisches Spiel von Witzen im Dialoge und in der Situation«; aus »*Nestrois* Munde sprudelt ein La Plata von Witz«; die Handlung »dient freilich dem Hrn. *Nestroi* nur zum Bindfaden, an den er die Goldkörner seiner Laune und seines ewigfrischen Witzes aneinanderfügt«; das Stück sei »das beste Localstück der heurigen Wintersaison« (S. 3). Kupelwieser dagegen wird vorgehalten, dass sich sprachliche und dramaturgische Fehler eingeschlichen haben. Er sei »als getreuer und flinker Übersetzer« bekannt; kein Wunder, »wenn bei einer solchen Beeilung, sage ich, Hr. *Kupelwieser* strickte [lies lat. *stricte* ›in strenger Weise‹] sein Object mit allen Mängeln und Unwahrscheinlichkeiten in das Deutsche hineinspedirt« (ebd.). – Der Druck zur (über)schnellen Produktion im Geschäftsbetrieb des Wiener Volkstheaters wird Kupelwieser also zum Verhängnis, während Nestroy, der nicht mehr Zeit hatte als sein Konkurrent, das beste Stück der ablaufenden Wintersaison gelingt.

Man machte aus dieser theatralischen Produktionsweise, die heute am ehesten mit der Filmindustrie oder dem Fernsehen vergleichbar ist, generell kein Geheimnis. Die Uraufführung des *Zerrissenen* fand 1844 statt, gedruckt wurde das Stück im folgenden Jahr. Auf dem Titelblatt des 136 Seiten umfassenden Buchs ist zu lesen:

> »Der Zerrissene. Posse mit Gesang in drei Acten, von Johann Nestroy. Die Handlung ist dem Französischen

(L'homme blasé) nachgebildet. Dieses Stück ist für Wien ausschließendes Eigenthum der unter der Leitung des Herrn Directors Carl stehenden Bühne. Wien, 1845. Verlag und Druck von J. B. Wallishausser.«

Hier werden also sowohl die Rechte an Nestroys Text festgehalten, die nicht beim Autor, sondern beim Direktor bzw. dessen Theater liegen, als auch die Vorlage, die Nestroy »nachgebildet« hat. Das im französischen Ausgangstext zweiaktige Stück stammt von Félix-Auguste Duvert (1795–1876) und Augustin-Théodore de Lauzanne (1805–1877). Es wurde im Pariser Théatre du Vaudeville am 18. November 1843 uraufgeführt und erschien im selben Jahr im Druck unter dem Titel *L'homme blasé. Comédie-vaudeville en deux actes* sowohl in Paris bei Dondey-Dupré als auch in Brüssel bei J.-A. Lelong. Nestroy blieben also nur wenige Wochen zur Abfassung seines Texts, der auch noch die Zensur passieren und geprobt werden musste, bevor das Stück zur Aufführung gebracht wurde. Aus einem französischen Vaudeville-Text entstand also in kürzester Zeit durch eine rhetorisch-sprachliche Bearbeitung und eine ›Verwienerung‹ der Gegebenheiten und Namen ein neues Stück, dessen Reichweite sich indessen keineswegs auf Wien beschränkte – wie dies bei zahlreichen von Nestroys Stücken der Fall ist.

3.

Nestroy war kein lokaler Mundartdichter, sondern ein europäischer Satiriker, wie Karl Kraus zu Recht festgestellt hat (Kraus 1912). Diese Feststellung lässt sich nicht allein an der

Bedeutung seiner Stücke festmachen, gilt Nestroy heute doch mit gutem Grund als der wichtigste Komödienautor in der deutschsprachigen Literatur des 19. Jahrhunderts. Man kann auch mit einem Blick auf die zeitgenössischen Aufführungen seiner Stücke außerhalb Wiens den Beweis antreten. Zum Teil wurden sie in Berlin, Hamburg oder Budapest in eigenständigen Produktionen gespielt, also ohne dass Nestroy sie auf seinen Gastspielreisen, die er zwischen 1834 und 1858 unternahm, mitbrachte. Die Spielorte dieser Reisen sind Wiener Neustadt, Karlsbad, Pressburg, Graz, Wiener Neustadt, Ofen (Buda), Pest, Brünn, Lemberg, Prag, Hamburg, Linz, Breslau, Berlin, Frankfurt an der Oder, München, Frankfurt am Main, Mainz, Wiesbaden, Triest, Bad Ischl und Ödenburg (Sopron). Ein guter, ja substantieller Teil liegt also außerhalb des bairisch-österreichischen Mundartgebiets.

Selbstverständlich waren die Gastspiele vertraglich geregelt, so, wie das an den Wiener Bühnen ebenfalls üblich war. So schließt Nestroy nach seinem ersten, sehr kurzen Hamburger Gastspiel (3.–9. Juli 1841) am 30. Dezember 1844 – wohl als Resultat der erfolgreichen Gastspiele (Prag, Berlin, Frankfurt a. d. Oder) dieses Jahres – einen Vertrag mit dem Thalia-Theater, in dem er dem Direktor, Charles Maurice, zusagt, dass er diesem »in Hamburg ausschließlich die Aufführung aller von mir von jetzt an verfaßten und daselbst noch nicht aufgeführten Theaterstücke gegen Zahlung des üblichen Honorars und Bewilligung der stipulierten Tantième« überlassen werde (Ms., Wien-Bibliothek, Sign. H.I.N. 136.976). – Das Gastspiel kam allerdings erst im August 1847 zustande, dauerte jedoch fast drei Wochen.

Der Zerrissene war zu Hause und auf Tournee eines der erfolgreichsten Stücke Nestroys. In Wien wurde er zu seinen Lebzeiten mehr als einhundertmal gespielt. Sieht man sich an, wann und wo das Stück von Nestroy selbst auf seinen Gastspielreisen gegeben wurde, dann ergibt sich ebenfalls ein Bild des Erfolgs:

Prag 1844 (5-mal)
Berlin 1844 (5-mal)
Berlin 1845 (2-mal)
Prag 1845 (1-mal)
Brünn 1847 (1-mal)
Frankfurt am Main 1847 (2-mal)
Prag 1849 (1-mal)
Lemberg 1850 (1-mal)
Berlin 1853 (1-mal)

Insgesamt 19-mal hat Nestroy somit zwischen 1844 und 1853 an fünf verschiedenen Spielorten den *Zerrissenen* gezeigt; Prag und Berlin stechen dabei deutlich mit je drei Gastspielen und je sieben bzw. acht Aufführungen heraus. Das am häufigsten gezeigte seiner eigenen Stücke bei Gastspielen ist freilich das heute unbekannte *Zwölf Mädchen in Uniform*, das er zwischen 1836 und 1858 ganze 69-mal zeigte. Von seinen heute noch berühmten Stücken kam *Lumpacivagabundus* auf elf, der *Talisman* auf 24 und *Unverhofft* auf 18 Vorstellungen bei Gastspielen. *Der Zerrissene* liegt damit ganz im Schnitt von Nestroys auswärtigen Repertoire-Erfolgen.

Die Berliner waren so enthusiasmiert von Nestroys Auftritten, dass sie ihm ein Gedicht mit dem Titel »Lebewohl an Hrn. Johann Nestroy am Schlusse seiner ruhmgekrönten Gastrollen in Berlin, den 27.8.1844« drucken ließen. Darin heißt es:

»Furchtbar wollen wir Dir Rache schwören,
Kommst Du das nächste Jahr nicht wieder her [...]«

In Prag ist man genauso begeistert. Im Hinblick auf den *Zerrissenen* wird festgestellt, die Dialoge seien hier so brillant wie in keinem anderen Werk Nestroys: »Einen blühenderen, glänzenderen, witzigeren Dialog hat *Nestroy* in keiner seiner früheren Possen geschrieben« (*Bohemia*, 21. Juli 1844, Nr. 87); nur darauf »beruht die Stärke der Novität; denn weder die Fabel der Posse noch die Figur des Gerissenen [sic!] kann das große Possenpublikum ansprechen« (*Prag*, 1844, S. 457).

Warum hat man, wie die Wiener und eine Prager Besprechung zeigen, die Handlung gegenüber der Sprache als einigermaßen schwach angesehen? Das Stück präsentiert den reichen Herrn von Lips, der an einem ›zerrissenen Gemüt‹ leidet und vermeintlich zum Totschläger wird. Sein Patenkind Kathi befreit ihn aus allen Wirrnissen. In der Substanz thematisiert der Text das prekäre Verhältnis des Kapitalisten zu seinen Mitmenschen und seiner Gesellschaft sowie zur Natur und den bürgerlichen Wertvorstellungen, die in ihrer Bindung an Besitz und Geld unaufhebbar korrumpiert sind.

Aus heutiger Sicht erscheint dieses Konzept durchaus brisant und aktuell. Dennoch bleibt festzuhalten: *Der Zerrissene* ist kein ›politisches‹ Stück, sondern eine Typenkomödie in Form einer Posse mit Gesang. Am stärksten hat wohl doch Nestroys rhetorisch geformte Sprachkunst gewirkt, von der hier nur ein kurzes Beispiel gegeben werden soll; Lips, zu Madame Schleyer: »ich hab Ihnen auf einen Augenblick zurückgerufen, weil ich mich auf ewig mit Ihnen verbinden will« (I 9). So funktioniert das auch mit großen Texten: ein Augenblick, und man ist für immer fasziniert.

Wolfgang Neuber

Inhalt